글이 써지고 입이 열리는

티키타카 초급 중국어

글이 써지고 입이 열리는

티키 타카

초급

중국어 中國語

袁晓鹏, 박유빈

소리내

현재 한국에서 사용되고 있는 중국어 교재는 중국에서 외국인 학습자를 위해 개발한 교재를 한국어로 번역하여 사용하거나, 그와 비슷한 내용으로 구성된 교재를 사용하고 있다.

중국과 한국은 동아시아 한자문화권에 속해있기 때문에 언어 구사 영역의 순기능적인 특징을 가지고 있다. 따라서 본 교재는 이러한 특징을 겨냥하여 학습자가 효과적인 어휘 지식구조를 습득할 수 있도록 "중국어 문장 만드는 방법[작은 단위부터~긴 문장까지]"에 초점을 맞추어 교재의 내용을 구성하였다.

본 교재의 특징

1. 한국인 학습자 맞춤형 중국어: 한국어의 어순과 유사한 부분으로부터 중국어 학습을 시작하여 보다 쉽게 중국어를 이해할 수 있다.
2. 단순한 문법·번역식 교육의 중국어 학습에서 벗어나, 자기 주도 사고를 통해 중국어 문장을 완성할 수 있다.
3. 중국어 "발음"과 "문장 만들기"의 동시 학습이 가능하다.
4. HSK 시험 대비 : 듣기·쓰기·독해·문법 각 영역의 단계별 능력향상이 가능하다.
5. "挑战自己(도전하기)" : 각 단원에서 다루어진 핵심문법들을 축적하여, 스스로 정확한 문장을 구사할 수 있다.

본 교재의 구성

각 단원은 ①나의 단어장, ②한자쓰기, ③핵심문법, ④확인문제 및 문장 만들기, ⑤회화, ⑥쉬어가기, ⑦연습문제, ⑧도전하기로 구성되어 있다.

먼저

① '나의 단어장'에서는 새로운 어휘를 제시하였다. 중 · 한 양국에서 사용되는 한자(번체자)를 함께 표기하고, 비슷한 뜻을 가진 어휘들을 함께 제시함으로써, 학습자들이 보다 쉽게 많은 양의 어휘를 정확하게 익힐 수 있도록 구성하였다.

② '한자 쓰기'에서는 간체자 쓰기 연습을 통해 HSK 쓰기 영역에 대비할 수 있다.

③ '핵심문법'에서 각 단원의 문법 포인트를 숙지하고, 다양한 유형의 문장을 만들 수 있도록 구성하였다.

④ '확인문제' 및 '문장 만들기'를 통해 ③의 핵심문법을 활용 · 기억할 수 있도록 하였다. 일상생활을 반영한 ⑤ '회화연습'은 주요문형 및 핵심문법을 구체적인 상황 속에서 생동감 있게 학습할 수 있도록 하였다.

⑥ '쉬어가기'는 중국 고전 시가, 중국 노래, 관용어, 중국문화 등으로 구성되어 있다.

⑦ '연습문제'를 통해서 학습한 내용을 반복 · 연습하고, HSK 문형을 함께 경험해 볼 수 있다.

⑧ '도전하기'에 제시된 어휘들을 사용하여 스스로가 표현하고자 하는 다양한 문장 만들기에 도전해 볼 수 있다.

차례

단원	학습목표	핵심 내용
1과 妈妈的笔。 엄마의 펜.	- 주요운모, 성모	- a, o, e, i, u, ü - b, p, m, f, d, t, n, l, g, k, h, j, q, x, zh, ch, sh, r, z, c, s - ā(1성), á(2성), ǎ(3성), à(4성) - a(경성)
	- 조사 '的'	- 소유를 나타내는 조사 '的'
	- 접속사 '和'	- ~와, ~랑, 그리고
	- 어기조사 '吗'	- 문장 끝에 놓여 의문문을 만든다.
2과 谁的姐姐？ 누구의 누나(언니)?	- 명사 술어문	- 나이, 숫자, 시간, 가격, 날짜 표현 - 명사 술어문의 부정 '不是'
	- 의문사 '谁'	- 谁의 위치
	- 어기조사 吧	- 추측, 제안, 청유, 명령의 어기
	- 의문사 '几'	- 10이하의 수량, 시간, 나이를 물을 때 사용한다.
3과 今天忙吗？ 오늘 바빠요?	- 형용사 술어문	- 很 + 1음절 형용사 - 很大, 很好
	- 비교문	- 比字句 - 不如, 没有를 사용하여 부정한다.
	- 의문어기조사 '呢'	- 他呢？ 你呢？
	- 又…又…	- 두 가지 상태의 동시
4과 胖了。 살쪘어요.	- 형용사 술어 + 了	- 상태의 변화를 나타낸다.
	- 부사 又, 都, 也	- 과거 동작의 반복을 나타낼 때, 又 - 모두 범위에 포함시킬 때, 都 - 다른 사람과 같은 동작을 할 때, 也
	- 觉得 & 听说	- 觉得 + 생각, 의견 - 听说 + 인용 내용

단원	학습목표	핵심 내용
5과 喝咖啡。 커피를 마셔요.	- 동사 술어문	- 주어 + 술어 + 목적어
	- 연동문	- 주어 + 동사구1 + 동사구2 - 목적, 방식, 수단, 원인, 결과를 표현한다.
	- 一边 ~ 一边	- 두 개의 동작이 동시 진행될 때
	- 正在 ~ 呢	- 동작이 진행 중 임을 나타낸다.
6과 在哪儿? 어디에 있어요?	- '是'자문	- 판단동사 : ~는 ~이다.
	- '有'자문	- 소유동사 : ~이 있다.
	- '在'자문	- 존재동사 : ~에 있다.
	- 전치사 从~到	- 시간, 공간의 출발점, ~도착점
	- 자주 사용하는 의문사	- 谁, 什么时候, 哪儿, 哪, 什么, 几, 多少, 怎么, 为什么
7과 不想学习。 공부하기 싫어요.	- 조동사(1)	- 想, 打算, 要
	- 조동사(2)	- 能, 会, 可以
	- 동태조사 过	- 过
	- 因为~ 所以~	- 원인, 결과를 나타내는 표현
8과 火车旅行。 기차여행.	- 이합사(离合词)	- 동사 + 목적어 구조의 어휘 - 结婚, 帮忙, 洗澡
	- 보어	- 술어 뒤에 놓인다. - 정도, 결과, 수량, 방향, 가능, 전치사구 보어
	- 결과보어	- 说错, 看完, 打错
	- 정도보어	- 주+술+목+술+得+정도

한어병음

운모 성모	a	o	e	er	ai	ei	ao	ou	an	en	ang	eng	ong	i	-i	ia	iao	ie
b	ba	bo			bai	bei	bao		ban	ben	bang	beng		bi			biao	bie
p	pa	po			pai	pei	pao	pou	pan	pen	pang	peng		pi			piao	pie
m	ma	mo	me		mai	mei	mao	mou	man	men	mang	meng		mi			miao	mie
f	fa	fo				fei		fou	fan	fen	fang	feng						
d	da		de		dai	dei	dao	dou	dan	den	dang	deng	dong	di			diao	die
t	ta		te		tai		tao	tou	tan		tang	teng	tong	ti			tiao	tie
n	na		ne		nai	nei	nao	nou	nan	nen	nang	neng	nong	ni			niao	nie
l	la		le		lai	lei	lao	lou	lan		lang	leng	long	li		lia	liao	lie
g	ga		ge		gai	gei	gao	gou	gan	gen	gang	geng	gong					
k	ka		ke		kai	kei	kao	kou	kan	ken	kang	keng	kong					
h	ha		he		hai	hei	hao	hou	han	hen	hang	heng	hong					
j														ji		jia	jiao	jie
q														qi		qia	qiao	qie
x														xi		xia	xiao	xie
zh	zha		zhe		zhai	zhei	zhao	zhou	zhan	zhen	zhang	zheng	zhong		zhi			
ch	cha		che		chai		chao	chou	chan	chen	chang	cheng	chong		chi			
sh	sha		she		shai	shei	shao	shou	shan	shen	shang	sheng	shong		shi			
r			re				rao	rou	ran	ren	rang	reng	rong		ri			
z	za		ze		zai	zei	zao	zou	zan	zen	zang	zeng	zong		zi			
c	ca		ce		cai		cao	cou	can	cen	cang	ceng	cong		ci			
s	sa		se		sai		sao	sou	san	sen	sang	seng	song		si			
yü		yo												yi		ya	yao	ye
wu																		

iu iou	ian	in	iang	ing	iong	u	ua	uo	uai	ui uei	uan	un uen	uang	ueng	ü	üe	üan	ün
	bian	bin		bing		bu												
	pian	pin		ping		pu												
miu	mian	min		ming		mu												
						fu												
diu	dian			ding		du		duo		dui	duan	dun						
	tian			ting		tu		tuo		tui	tuan	tun						
niu	nian	nin	niang	ning		nu		nuo			nuan	nun			ü	üe		
liu	lian	lin	liang	ling		lu		luo			luan	lun			ü	üe		
						gu	gua	guo	guai	gui	guan	gun	guang					
						ku	kua	kuo	kuai	kui	kuan	kun	kuang					
						hu	hua	huo	huai	hui	huan	hun	huang					
jiu	jian	jin	jiang	jing	jiong										ju	jue	juan	jun
qiu	ian	in	iang	ing	qiong										qu	que	quan	qun
xiu	ian	in	iang	ing	xiong										xu	xue	xuan	xun
						zhu	zhua	zhuo	zhuai	zhui	zhuan	zhun	zhuang					
						chu	chua	chuo	chuai	chui	chuan	chun	chuang					
						shu	shua	shuo	shuai	shui	shuan	shun	shuang					
						ru	rua	ruo		rui	ruan	run						
						zu		zuo		zui	zuan	zun						
						cu		cuo		cui	cuan	cun						
						su		suo		sui	suan	sen						
you	yan	yin	yang	ying	yong										yu	yue	yuan	yun
						wu	wa	wo	wai	wei	wan	wen	wang	weng				

단운모	a	o	e	i	u	ü

성모
b p m f
d t n l
g k h
j q x
z c s
zh ch sh
r

복운모
ai ei
ao ou
an en
ia ie in iu(iou)
ua uo un(uen) ui(uei)
ang eng ing ong
iao ian iang iong
uai uan
uang ueng
üe ün üan er

성조

중국어를 발음할 때는 음을 올리고 내리는 '성조'가 있는데 1성은 '솔'의 음높이를 그대로 유지하며 소리 냅니다. 2성은 '미'에서 높은음까지 끌어올리면서 소리 냅니다. 3성은 '레'에서 아래로 음높이를 끌어내렸다가 다시 올리면서 마치 포물선을 그리듯이 소리 냅니다. 4성은 '솔'의 음높이를 시작으로 '도'의 음높이까지 쭉 내려가면서 소리냅니다. 마지막으로 경성은 음높이가 없이 짧고 가볍게 소리 냅니다.

1성	2성	3성	4성
ā	á	ǎ	à

성조를 표기하는 부호는 주요운모 위에 표기하고, 운모가 2개 이상인 경우 a → o, e → i, u, ü의 순서로 표기합니다.

주요운모	1성		2성		3성		4성		경성
a	ā		á		ǎ		à		a
o, e	āo		áo		ǎo		ào		
i, u, ü	iā	āi	iá	ái	iǎ	ǎi	ià	ài	
	iē	ēi	ié	éi	iě	ěi	iè	èi	
	uā		uá		uǎ		uà		
	üē		üé		üě		üè		
	uāi		uái		uǎi		uài		

등장인물 소개

韩国人(한국인)

金柔美
(김유미 학생)

朴志远
(박지원 학생)

崔老师
(최 선생)

中国人(중국인)

张媛媛
(장원원 학생)

石成
(석성 학생)

李老师
(이 선생)

제1과

妈妈的笔。

엄마의 펜.

단 운모

ɑ	o	e	i	u	ü

ɑ 입을 크게 벌리고 자연스럽게 '아'소리를 냅니다.

o 입 모양을 'o'로 한 상태에서, '어'소리를 냅니다.

e 'i'를 발음할 때의 입 크기보다 조금 줄이고 '으'와 '어'의 합성소리를 냅니다.

i 입술을 양쪽으로 끌어당긴 상태에서 'i'소리를 냅니다.

u 입술을 돌출시킨 상태에서 '우'소리를 냅니다.

ü 입술을 아주 작게 오므리고 움직이지 않는 상태에서 '위'소리를 냅니다.

성 모	첨가소리	첫글자는 대문자로	
b p m f	o	Bàba	爸爸
d t n l	e	Dìdi	弟弟
g k h		Gēge	哥哥

b, p, m, f 는 발음할 때 마지막 입술 모양은 'o'가 된다.

b 위 입술과 아래 입술을 붙인 상태에서 입술을 자연스럽게 앞으로 내밀면서 입술모양을 'o'로 발음한다.

p 위 입술과 아래 입술을 붙인 상태에서 입술을 터뜨리며 입안의 공기를 강하게 내뱉으면서 'o'로 발음한다.

m 위 입술과 아래 입술을 붙인 상태에서 콧소리를 이용하여 'o'로 발음한다.

f 윗니를 아랫입술에 살짝 대면서 입술모양을 'o'로 발음한다.

d, t, n, l는 발음할 때 입술을 붙이지 않으며, 이 발음의 마지막 입술모양은 'e' 가 된다.

d 혀끝을 위 잇몸 안쪽에 가까이 댄 상태에서 윗니와 아랫니를 떼면서 'e'로 발음한다.

t 혀끝을 위 잇몸 안쪽에 가까이 댄 상태에서 입안의 공기를 강하게 내뱉듯이 'e'로 발음한다.

n 혀끝을 위 잇몸 안쪽에 가까이 댄 상태에서 콧소리를 이용하여 'e'로 발음한다.

l 혀끝을 윗잇몸 안쪽에 붙였다가 떼면서 'e'로 발음한다.

g, k, h는 발음할 때 입술과 이는 자연스럽게 떨어진 상태에서 혀끝에 살짝 힘을 주면서 입술모양은 'e'가 된다.

g 혀는 구강 속에 자연스럽게 놓은 상태에서 'e'로 발음하는데, 이때 소리는 혀뿌리와 목구멍 사이에서 난다.

k 혀는 구강 속에 자연스럽게 놓은 상태에서 'e'로 발음하는데, 이때 소리는 혀뿌리와 목구멍 사이에서 강하게 난다.

h 혀는 구강 속에 자연스럽게 놓은 상태에서 혀뿌리에 힘을 주면서 'e'로 발음한다.

3성을 발음 할 때 1성, 2성, 4성 앞에서는 반3성으로, 3성 앞에서는 2성으로 발음한다.

3성 + 1성	每天 [měitiān] → [mĕi tiān]	매일. 날마다
3성 + 2성	粉红 [fěnhóng] → [fĕn hóng]	분홍색
3성 + 3성	你好 [nǐ hǎo] → [ní hǎo]	안녕하세요.
	很可口 [hěn kěkǒu] → [hén kékǒu]	입에 맞다.
3성 + 4성	请坐 [qǐngzuò] → [qĭng zuò]	앉으세요.

나의 단어장 我的生词表

爸爸 bàba [명] 아빠. 아버지

妈妈(媽) māma [명] 엄마. 어머니

哥哥 gēge [명] 형. 오빠

弟弟 dìdi [명] 남동생

的 de [조] 의

我 wǒ [대] 나. 저

你 nǐ [대] 너. 당신

大 dà [형] 크다. 넓다

吧 ba [조] 동의 · 허가의 어기

课(課) kè [명] 수업

吗 ma [조] 의문어기조사

笔(筆) bǐ [명] 펜. 필기도구

和 hé [개/접] …와. …과

他 tā [대] 그. 그 사람

她 tā [대] 그녀

比 bǐ [개] ~보다. ~와 비교하면

肚子 dùzi [명] (신체) 배

梨 lí [명] (과일) 배

葡萄 pútáo [명] 포도

可乐(樂) kělè [명] 콜라

한자쓰기 写汉字

妈				我			
爸				吗			
哥				笔			
爷				课			
和				她			
肚				弟			
葡				梨			
萄				乐			

한자의 변천
汉字的变迁

mǎ 马	갑골문 甲骨文	금문 金文	소전 小篆	예서 隶书	해서 楷書	초서 草书	행서 行书
말 마	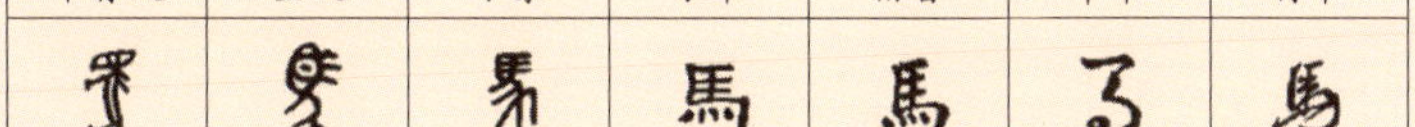						

유구한 역사를 가진 한자는 시대의 흐름, 문명의 발전, 사회적 환경의 흐름에 따라 그 변화를 거듭해왔다. 한자의 최초 형태는 기원전 약1,300년 전 상商(또는 은殷)나라의 갑골문에서 찾아볼 수 있다. 그 이후 상 · 주(商周)시대의 금문(金文, 종정문(鐘鼎文)), 춘추전국시대의 전국문자(戰國文字)가 등장하였고, 다시 진(秦)나라의 대전(大篆, 주문(籀文)으로도 불림)과 진나라 외 여섯 나라에서 사용된 '육국문자(六國文字)'가 출현하였다.

이들 문자는 진시황의 문자통일 정책에 의해 소전(小篆)으로 통일되었는데, 이는 중국 전 지역에서 통일된 문자를 사용하는 계기가 되었다. 한(漢)대에 이르러 예서(隸書)가 새롭게 유행하였고, 이를 기점으로 한자는 한층 정형화된 해서(楷書)로 발전하였다. 한자는 당(唐)대에 들어서면서 마침내 자형과 서체의 표준화가 이루어졌다.

핵심 문법 重点语法

[조사 助词]

'的' (의)는 관형어(명사, 동사, 형용사 모두 가능) 뒤에 사용하며, '관형어+的+명사'와 같이 관형어와 중심어의 사이에 놓여 일반적인 수식관계를 나타낸다.

汉语	我	的	爸爸
韩语	나	의	아빠

汉语	我	的	爸爸	的	爸爸
韩语	나	의	아빠	의	아빠

汉语	他	的	肚子
韩语	그	의	배

※ 친한 관계(가족, 친구, 소속)의 경우 '的'를 생략 가능. 我爸爸, 他朋友

汉语	我	(的)	爸爸
韩语	내		아빠

[접속사 连词]

'和' 는 주로 단어 (또는 구)를 연결해준다. '단어(구)+和+단어(구)'형식으로 'A와(랑) B의' 관계, 또는 단어(구)의 나열을 나타낸다.

汉语	我	和	你
韩语	나	와(랑)	너

汉语	我弟弟	和	你弟弟
韩语	우리 남동생	이랑(와)	너의 남동생

汉语	梨	和	葡萄
韩语	배	와(그리고)	포도

[어기조사 吗]

'吗'는 문장 끝에 쓰여 의문의 어기를 나타낸다.

汉语	弟弟	的	笔	吗？
韩语	남동생	의	펜	이에요?

汉语	他	的	哥哥	吗？
韩语	그	의	형	이니?

汉语	你	的	可乐	吗？
韩语	너	의	콜라	니?

확인문제 重点练习

1. 엄마와 나

2. 그와 그의 아빠

3. 오빠의 펜

4. 그와 그녀예요 ?

5. 우리형의 배

6. 콜라예요?

7. 포도와 배

연습문제 练习题

다음 그림에 어울리는 한자와 한어병음을 연결해 보세요. 看图连线。

1		我爸爸	nǐ
2		我的肚子	wǒ de dùzi
3		爷爷和奶奶	wǒbàba
4		你	yéye hé nǎinai

다음 중국어 표현이 옳은 것은 O, 틀린 것은 X표 하고, 바르게 고쳐 보세요.
判断正误, 修改病句

1. 笔们 (　): ____________________
2. 弟弟们 (　): ____________________
3. 我爸爸 (　): ____________________
4. 爸爸和妈妈, 哥哥, 弟弟 (　): ____________________

도전하기 挑战自己

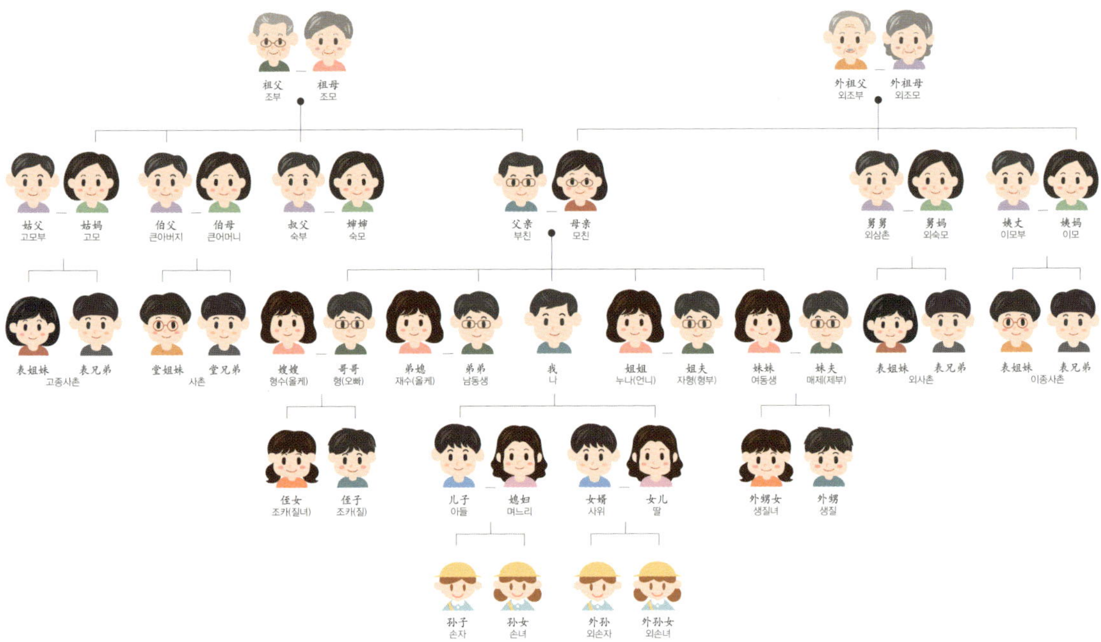

祖父	zǔfù	할아버지	外祖父	wàizǔfù	외할아버지
爷爷	yé·ye		外公	wàigōng	
祖母	zǔmǔ	할머니	外祖母	wàizǔmǔ	외할머니
奶奶	nǎi·nai		外婆	wàipó	
父亲	fùqīn	아버지	母亲	mǔqīn	어머니
爸爸	bà·ba		妈妈	mā·ma	
哥哥	gē·ge	형, 오빠	伯父	bófù	큰아버지
嫂嫂	sǎo·sao	형수	伯母	bómǔ	큰어머니
姐姐	jiě·jie	누나, 언니	婶婶	shěn·shen	숙모
姐夫	jiě·fu	자형, 형부	叔父	shūfù	숙부
弟弟	dì·di	남동생	舅舅	jiù·jiu	외삼촌
弟媳	dìxí	올케	舅妈	jiùmā	외숙모

妹妹	mèi·mei	여동생	姨妈	yímā	이모
妹夫	mèi·fu	매부	姨丈	yízhàng	이모부
儿子	ér·zi	아들	表兄弟	biǎoxiōng·di	사촌 형제
媳妇	xífù	며느리	表姐妹	biǎojiěmèi	사촌자매
女儿	nǚ'ér	딸	堂姊妹	tángzǐmèi	종자매
女婿	nǚ·xu	사위	堂兄弟	tángxiōngdì	사촌 형제
孙子	sūn·zi	손자	外孙	wàisūn	외손자
孙女	sūnnǚ	손녀	外孙女	wàisūnnǚ	외손녀
外甥	wài·sheng	생질	外甥女	wàishēngnǚ	생질녀
姑妈	gūmā	고모	姑父	gū·fu	고모부
侄子	zhí·zi	조카	侄女	zhínǚ	조카

表姐를 다양한 어휘로 표현하고, 그 뜻을 말해 보세요.

表姐	1.(삼촌)和(숙모)的(딸)
	2.(나)(엄마)的(남동생)的(딸)
	3.(외할아버지) / (외할머니)(아들)的(딸)

쉬어가기 了解了解

[출처: https://zhidao.baidu.com/]

shān cūn yǒng huái

山村咏怀

산촌에서 마음을 노래하다

shàoyōng
邵 雍 소옹

yí qù èr sān lǐ,
一去二三里,
한 걸음에 2,3리를 가니

yān cūn sì wǔ jiā。
烟村四五家。
밥 짓는 연기 내뿜는 집이 네 다섯 집이네.

tíng tái liù qī zuò,
亭台六七座,
정자가 예닐곱 채 있는데

bā jiǔ shí zhī huā。
八九十枝花。
여덟, 아홉, 열 송이 꽃들이 피어있네.

제 2 과

谁的姐姐?

누구의 누나?

성 모	첨가하는 소리		
j q x	i	shǒujī	手机

j, q, x는 발음할 때 입술 모양은 'i'가 된다.

j 윗니와 아랫니를 살짝 붙이고 입술 모양은 'i'가 된다.

q 윗니와 아랫니를 자연스럽게 벌린 상태에서 'i'보다는 살짝 줄여 입안의 공기를 강하게 내뱉듯이 발음한다.

x 윗니와 아랫니를 자연스럽게 벌린 상태에서 입술 모양은 'i'로 하고 혀끝은 아랫잇몸 안쪽에 가까이 놓고 발음한다.

성 모	첨가하는 소리		
z c s	입술모양만-i	zìjǐ	自己
zh ch sh		chīfàn	吃饭
r		rìzi	日子

z, c, s는 발음할 때 입술 모양은 'i'가 되지만, 'i'로 발음하지 않는다.

z 윗니와 아랫니를 붙이고 입술 모양은 'i'로 하면서 혀끝은 아랫니 안쪽에 대고 발음한다.

c 윗니와 아랫니를 자연스럽게 벌린 상태에서 혀끝은 아랫니 안쪽에 대고 입안의 공기를 강하게 내뱉듯이 발음한다.

s 윗니와 아랫니를 자연스럽게 벌린 상태에서 입술크기는 'z'보다 살짝 줄여서 발음한다.

zh, ch, sh는 발음할 때 입술 모양은 z, c, s와 같고, 혀의 위치만 다르다.

zh 윗니와 아랫니를 붙이고 입술 모양은 'i'로 하면서 혀끝은 'z'를 발음한 상태에서 뒤쪽으로 당기면서 발음한다.

ch 윗니와 아랫니를 자연스럽게 벌리고 혀끝은 c를 발음한 상태에서 뒤쪽으로 당기면서 입안의 공기를 강하게 내뱉듯이 발음한다.

sh 윗니와 아랫니를 자연스럽게 벌리고 혀끝은 s를 발음한 상태에서 뒤쪽으로 당기면서 발음한다.

r 혀를 입천장 중간까지 말아 올리고 혀뿌리에 힘을 주면서 발음한다.

● 한어병음 표기 규칙 汉语拼音规则

영성모 零声母

yān yán yǎn yàn

wāng wáng wǎng wàng

yūn yún yǔn yùn

j·p·x와 ü의 결합

[j, q, x + ü] → [ju, qu, xu]

juē jué juě juè

xuē xué xuě xuè

quē qué quě què

성조표기 위치 声调的位置

성조를 표기하는 부호는 주요운모 위에 표기하고, 운모가 2개 이상인 경우 a → o, e → i, u, ü의 순서로 표기.

격음부호 隔音符号

a, o, e 의 앞에 다른 음절이 있을 때, '격음부호'를 사용하여 발음의 혼란을 방지한다.

kěài → kě'ài (可爱 귀엽다)

Tiānānmén → Tiān'ānmén (天安门 천안문)

Xīān → Xī'ān (西安 서안)

숫자 읽기 数字的读法

líng	yī	èr	sān	sì	wǔ
0 零 零	1 一 壹	2 二 贰	3 三 叁	4 四 肆	5 五 伍
liù	qī	bā	jiǔ	shí	shíyī
6 六 陆	7 七 柒	8 八 捌	9 九 玖	10 十 拾	11 十一
shíèr	shísān	shísì	shíjiǔ	èrshí	èrshíyī
12 十二	13 十三	14 十四	19 十九	20 二十	21 二十一
jiǔshíjiǔ	yìbǎi	yìbǎilíngyī	yìbǎiyīshí	yīqiānlíngwǔshí	yíwànwǔ (qiān)
99 九十九	100 一百 佰	101 一百零一	110 一百一(十)	1050 一千零五(十)	15000 一万五(千)

- 一[yī]는 단독으로 사용하거나 서수를 읽을 때 본래성조인 1성으로 읽는다. 그 외에 4성 음절 앞에서는 2성으로 성조가 변화하고, 1 · 2 · 3성 앞에서는 4성으로 성조가 변화한다.

[구어체] 전화번호, 방 호수 등은 "yāo"로 읽는다.

※ 十一 [shíyī]

※ 一杯 [yìbēi]　※ 一条 [yìtiáo]　※ 一起 [yìqǐ]　※ 一定 [yídìng]

※ 010-8765-4321 [líng yāo líng bā qī liù wǔ sì sān èr yāo]

shēngrì
我的 生日 :

fángjiānhào
我的 房间号:

shǒujī hàomǎ líng yāo líng -
我的 手机号码: 010 - XXXX-XXXX

• 중국 화폐

중국의 화폐는 인민폐(rénmínbì)입니다. 약자로 RMB라고 하며, CNY(China Yuan)로 표기하기도 한다. 기본 단위는 元(yuán)이며, 그 아래의 화폐단위로는 角(jiǎo), 分(fēn)이 있다.(1元 =10角=100分). 회화체에서는 주로 块(kuài), 毛(máo), 分(fēn)을 사용한다. 지금 중국은 전자결제시스템이 활발히 운영되고 있어, 핸드폰만 있으면 물건구매가 가능하다. 길거리 음식도 위챗으로 계산할 수 있다.

100元

10元

50元

5元

20元

1元

5角

1角

2角

나의 단어장 我的生词表

谁(誰) shéi, shuí [대] 누가. 누구

今天 jīntiān [명] 오늘

现在(現) xiànzài [명] 지금. 현재

明天 míngtiān [명] 내일

去年 qùnián [명] 작년

昨天 zuótiān [명] 어제

姐姐 jiějie [명] 누나. 언니

桌子 zhuōzi [명] 테이블

朋友 péngyou [명] 친구

不 bù [부] '부정'을 나타냄

咖啡 kāfēi [명] 커피

韩国(韓國) Hánguó [명] 대한민국
韩国人 hánguórén 한국인 韩语 Hányǔ 한국어

老师(師) lǎoshī [명] 선생님

学生(學) xuésheng [명] 학생

外国人 wàiguórén [명] 외국인

学校 xuéxiào [명] 학교

书(書) shū [명] 책

星期天 xīngqītiān [명] 일요일

两 liǎng [수] 둘, 두

点(點) diǎn [명] ~시

几(幾) jǐ [수] 몇

岁(歲) suì [명] 살. 세

椅子 yǐzi [명] 의자

我们 wǒmen [대] 우리(들)
你们 nǐmen 너희들 他们 tāmen 그들

한자쓰기 写汉字

学				师			
谁				校			
韩				国			
现				两			
咖				们			
椅				岁			
外				星			
期				桌			

한자의 발전 汉字的发展

번체자	韋	頁	風	齒	龍	龜	豐
간체자	韦	页	风	齿	龙	龟	丰

1912년 청나라(清, 1616년~1912년)가 멸망할 무렵, 한자의 폐단을 개선하기 위해 한자를 표음화 하고 글자의 형체(字体)를 간략화 하자는 주장이 나오기에 이르렀다.

이로써 한국은 한글, 일본은 히라가나를 사용하는 것과 같이 중국은 간체자를 사용하였다. 현재 중국의 한자는 의미와 발음, 형태가 조금씩 변화하기도 하고, 형태가 완전히 다른 한자들이 새롭게 만들어지기도 하였다. 둘 이상의 한자가 결합하여 또 다른 의미를 가진 새로운 글자가 만들어 지기도 하고, 외래어를 차용하여 사용하면서 한자가 지니고 있던 최초의미는 점차 변화하게 되었다.

핵심 문법 重点语法

[명사 술어문 名词谓语句]

"주어 + 술어(명사)"로 구성된 문장이다. 술어로 사용될 수 있는 명사는 주로 "나이, 시간, 요일, 날짜" 등이며 주로 구어체에서 사용된다.

긍정문

	주어	술어
汉语	今天	星期一。
韩语	오늘은	월요일(이에요)

의문문

汉语	今天	星期一	吗?
韩语	오늘은	월요일	이에요?

[의문사] 谁

사람에 대해 물을 때 사용한다. 谁가 출현한 의문문은 **"吗"를 함께 사용할 수 없다.**

汉语	(你的)书吗?	(他的)朋友吗?
韩语	(당신) 책이에요?	(그의) 친구예요?

汉语	谁的书?	谁的朋友?
韩语	(누구의) 책이에요?	(누구의) 친구예요?

[어기조사] 吧

문장의 맨 끝에 놓여, 상의 · 제안 · 청유 · 기대 · 명령 등의 어기를 나타낸다.

汉语	今天	星期三	吧?
韩语	오늘은	수요일	이지요?

[의문사] 几

주로 10이하의 숫자를 물어볼 때 사용한다. 几岁？ 几点？ 星期几？의 형식으로 사용한다.

汉语	几	岁？
韩语	몇	살?

汉语	几	点？
韩语	몇	시?

汉语	星期	几？
韩语	요일	무슨
	무슨	요일?

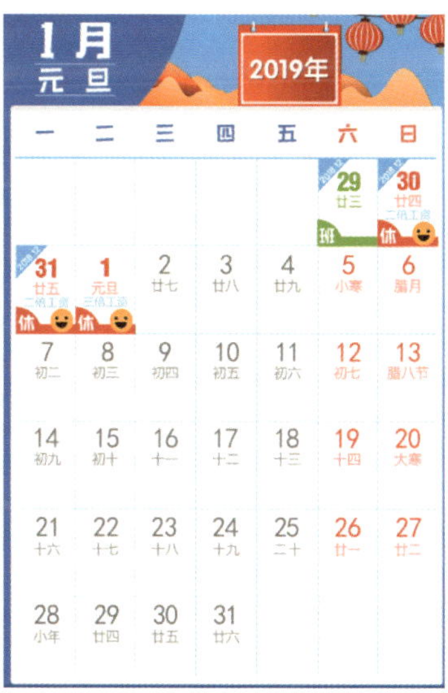

요일의 표현		
xīngqī 星期一	zhōu 周 一	lǐbài 礼拜一
星期二	周二	礼拜二
星期三	周三	礼拜三
星期四	周四	礼拜四
星期五	周五	礼拜五
星期六	周六	礼拜六
星期天/星期日	周天/周日	礼拜天/礼拜日

확인문제 重点练习

1. 내 친구

2. 어제(의)커피

3. 학교의 테이블

4. 몇 살이니?

5. 한국선생님과 외국학생

6. 작년(의) 책이에요?

7. 누구(의) 의자?

8. 지금 몇 시?

9. 일요일 두 시죠?

10. 우리학교(의) 선생님이세요 ?

쉬어가기 了解了解

인사	감사인사	사과하기	헤어질 때
nǐhǎo A: 你好!	xièxie A: 谢谢	duìbuqǐ A: 对不起	zàijiàn A: 再见
nǐhǎo B: 你好!	búkèqi B: 不客气 / 不谢	méiguānxi B: 没关系 / 没事儿	zàijiàn B: 再见 !

hǎo 好	좋아요.
hái kěyǐ 还可以	나름 괜찮아요.
háixíng 还 行	그런대로 괜찮아요.
yìbān 一般	보통이에요.
mǎmǎhūhū 马马虎虎	그저 그래요.
bú tài hǎo 不 太 好	그다지 좋지 않아요. 별로예요.
bù hǎo 不 好	안 좋아요.
yuánlái rúcǐ 原来如此	그렇구나.
nǎli, nǎli 哪里哪里	천만에요. 뭘요
shì·de 是的	네. 그래요.

연습문제 练习题

다음 그림에 어울리는 한자와 한어병음을 연결해 보세요. 看图连线。

1		中国学生	Zhōngguó xuésheng
2		咖啡	kěkǒukělè
3		老师	lǎoshī
4		可口可乐	kāfēi

다음 중국어 표현이 옳은 것은 O, 틀린 것은 X표 하고, 바르게 고쳐 보세요.
判断正误, 修改病句

1. 星期七 (　): ____________________
2. 老师他的吗? (　): ____________________
3. 谁的书吗? (　): ____________________
4. 他好! (　): ____________________

도전하기 挑战自己

shíjiān 时间 시간	nián 年 년	yuè 月 달/월	몇 월 며칠	zhōu 周 주	tiān 天 일	xiǎoshí 小时 시간(시량)	diǎn 点 시(시점)
shénme 什么 shíhou 时候 언제	nǎnián 哪年	jǐyuèfèn 几月份	jǐyuè jǐhào 几月几号	哪周	哪天	几个小时	jǐdiǎnjǐfēn 几点几分
	qiánnián 前年	shàng 上个月	一月一日	上个周	前天	一个小时	zǎoshang yíkè 早上6点一刻
	qù nián 去年	zhè 这个月	8月1号	这个周	昨天	bàn 一个半小时	shàngwǔ 上午8点10分
	jīn nián 今年	下个月	11月11号	下个星期	今天	liǎng 两个小时	zhōngwǔ zhěng 中午12点整
	míng nián 明年	12月份	12月25号	dì 第三个周	明天	12个小时	xiàwǔ bàn 下午两点半
	hòu nián 后年	几个月	1月30号	几周	几天	36个小时	wǎnshang 晚上11点45
	2020年	12个月	nónglì/gōnglì 农历/公历	15个周	3天	48小时	22点35分

위 표의 어휘를 사용하여 자유롭게 빈 칸을 채워보고 뜻을 말해보세요.

1. (작년)(5)月 (30)日

2. (다음 달)(10)日 (오후)(세시) 半

3. (2020)年 (11)月 (11)号 (오전)(11)点

4. (이번 주)(수요일)(저녁)(5)点

도전하기 挑战自己

身体	shēntǐ	신체, 몸	脚跟	jiǎogēn	발꿈치
头	tóu	머리	脚心	jiǎoxīn	발바닥
头发	tóu·fa	머리카락	脚背	jiǎobèi	발등
额头	étóu	이마	脚趾	jiǎozhǐ	발가락
眉毛	méi·mao	눈썹	关节	guānjié	관절
眼睛	yǎn·jing	눈	骨头	gǔ·tou	뼈
双眼皮	shuāngyǎnpí	쌍꺼풀	血	xuè	피
单眼皮	dānyǎnpí	외꺼풀	皮肤	pífū	피부
鼻子	bí·zi	코	肉	ròu	살
嘴	zuǐ	입	肺	fèi	폐
嘴唇	zuǐchún	입술	胃	wèi	위
牙齿	yáchǐ	치아	服装	fúzhuāng	복장
舌头	shé·tou	혀	帽子	mào·zi	모자
脸	liǎn	얼굴	围巾	wéijīn	스카프
耳朵	ěr·duo	귀	领带/结	lǐngdài/jié	넥타이
脖子	bó·zi	목	口罩	kǒuzhào	마스크

肩膀	jiānbǎng	어깨	衣服	yī·fu	옷
胳膊	gē·bo	팔	毛衣	máoyī	스웨터
胳膊肘	gēbozhǒu	팔꿈치	衬衫	chènshān	셔츠
手腕	shǒuwàn	손목	内衣	nèiyī	속옷
手	shǒu	손	大衣	dàyī	오버코트
手指	shǒuzhǐ	손가락	外套	wàitào	
指甲	zhǐ·jia	손톱	裤子	kù·zi	바지
心脏	xīnzàng	심장	短裤	duǎnkù	반바지
胸	xiōng	가슴	内裤	nèikù	팬티
肚子	dù·zi	복부.배	裙子	qún·zi	치마
腰	yāo	허리	连衣裙	liányīqún	원피스
后背	hòubèi	등	鞋	xié	신발
屁股	pì·gu	엉덩이	皮鞋	píxié	구두
腿	tuǐ	다리	运动鞋	yùndòngxié	운동화
大腿	dàtuǐ	허벅지	拖鞋	tuōxié	슬리퍼
膝盖	xīgài	무릎	袜子	wà·zi	양말
小腿	xiǎotuǐ	종아리	丝袜	sīwà	스타킹
脚踝	jiǎohuái	발목	手套	shǒutào	장갑
脚	jiǎo	발	围巾	wéi jīn	스카프

위 표의 어휘를 사용하여, 다양한 표현에 도전해 보고 뜻을 말해보세요.

1. 弟弟的（ 발꿈치 ）

2. 爷爷的（ 셔츠 ）

3. 她哥哥的（ 눈 ）（ 코 ）和（ 입 ）

4.（ 여동생 ）的（ 모자 ）和（ 스카프 ）。

만일 중국인에게 녹색 모자를 선물한다면?!

중국에서는 남녀를 구분하지 않고 "배우자가 바람을 피우다." 라는 표현은 "따이 뤼마오즈(带绿帽子)" 라고 한다. 영화나 드라마를 보다가 말은 못 알아들어도, 자막에 "녹색 모자를 쓰다". 라는 표현이 나오면 "바람피우다."의 뜻으로 이해하면 된다.

이 말에는 여러 가지 해석이 있지만, 당나라 때 옷 색깔로 신분을 구별하면서 기생들에게 녹색 옷을 입혔던 것이 그 유래라는 설이 가장 유력하다. 당시 머리에 녹색 두건을 두른 남자들은 대부분 기생집에서 일하는 일꾼과 기둥서방들이었기 때문이다. 그러므로 중국에서 모자를 구매하거나 누군가에게 모자를 선물할 때에는 반드시 '녹색모자'를 사지 않도록 주의해야 한다.

제3과

今天忙吗?

오늘 바빠요?

복운모

ai ei	gěi 给
ao ou	hǎo 好
an en	kàn 看
ia ie in iu(iou)	jiǔ 九
ua un(uen) ui(uei)	zhuī 追
ang eng ing ong	téng 疼
iao ian iang iong	jiāo 教
uai uan	kuài 快
uang ueng	wàng 忘
üe ün üan	quán 拳
er	ér 儿

不 [bù] 는 4성 앞에서는 2성으로 변화한다.

不吃 [bùchī] 不读 [bùdú] 不好 [bùhǎo]

不去 [búqù] 不客气 [búkèqi]

声调 성조
-
Zhōng
中
声母 성모
Zh
韵母 운모
ong

나의 단어장 我的生词表

汉语(漢語) Hànyǔ [명] 중국어

贵(貴) guì [형] 비싸다

很 hěn [부] 아주. 매우

忙 máng [형] 바쁘다

容易 róngyì [형] 쉽다

高兴(興) gāoxìng [형] 기쁘다

年轻(輕) niánqīng [형] 젊다

漂亮 piàoliang [형] 예쁘다

味道 wèidao [명] 냄새. 맛

怎么样 zěnmeyàng [대] 어떻다

非常 fēicháng [부] 대단히

更 gèng 더욱. 훨씬 最 zuì 가장. 제일

宿舍 sùshè [명] 기숙사

寝室 qǐnshì

好喝 hǎohē [형] 맛있다

好吃 hǎochī

和…一样 yíyàng ~와 같다

跟…一样 gēn…yíyàng

教室(教) jiàoshì [명] 교실

有点儿 yǒudiǎnr [부] 조금. 약간

好 hǎo [형] 좋다

便宜 piányi [형] 싸다

真的 zhēnde [부] 정말

面包 miànbāo [명] 빵

水果 shuǐguǒ [명] 과일

不如 bùrú [동] …만 못하다

呢 ne [조] 강조를 나타냄

不太 bútài [부] 그다지…지 않다

食堂 shítáng [명] 식당

餐厅 cāntīng 饭店 fàndiàn

有意思 yǒuyìsi [형] 재미있다

没有意思 méiyǒuyìsi 재미없다

不过 búguò [접] 그런데, 그러나

可是 kěshì

又… 又… yòu… yòu… [접] 동시에

한자쓰기 写汉字

贵				轻			
好				高			
很				汉			
宿				常			
喝				忙			
意				思			
漂				味			
食				亮			

한자 이야기 汉字的发展

nǚ 女 계집 녀					

상형 象形

'상형자'는 사물의 모양을 본 떠 그려낸 글자로서, 사물의 형체를 따라서 필획을 꺾거나 휘어서 만든 글자입니다. "女"는 여인이 무릎을 꿇고 앉아 두 손을 다소곳이 가슴에 모으고 있는 모습을 본 떠 만든 글자입니다.

핵심 문법 重点语法

[형용사 술어문 形容词谓语句]

형용사가 술어로 쓰인 문장을 형용사술어문이라 한다. '주어+술어(형용사)'의 형식으로, 주로 사물의 성질과 모양, 상태를 설명한다.

긍정문

<table>
<tr><td></td><td>주어</td><td colspan="2">술어</td></tr>
<tr><td rowspan="2">汉语</td><td>学校</td><td colspan="2">大</td></tr>
<tr><td>学校</td><td>很</td><td>大</td></tr>
<tr><td>韩语</td><td>학교(가)</td><td colspan="2">크다</td></tr>
<tr><td rowspan="2">汉语</td><td>宿舍</td><td colspan="2">小</td></tr>
<tr><td>宿舍</td><td>很</td><td>小</td></tr>
<tr><td>韩语</td><td>기숙사(가)</td><td colspan="2">작다</td></tr>
</table>

부정문

汉语	我	不	忙
韩语	나(는)	안	바쁘다

汉语	宿舍	不	大
韩语	기숙사(는)	안	크다

의문문

汉语	宿舍	大	吗？
韩语	기숙사(가)	크	ㅂ니까?

정반의문문

汉语	宿舍	大	不	大?
韩语	주어	형용사	不	형용사
	기숙사(가) 커요? 안 커요?			

[비교문 比字句]

사람이나 사물의 성질, 모양, 상태의 정도차이를 나타낸다.

'比'자문의 기본구조는 '비교주체+比+비교대상+비교결과[형용사]'이다.

긍정문

汉语	水果	比	面包	好吃。
韩语	주어	比	비교대상	형용사
	과일(은) 빵 보다 맛있어요.			

※ '比'자문의 형용사 앞에 '很'을 쓰지 않는다.

부정문

汉语	面包	不如	水果	好吃。
	面包	没有	水果	好吃。
韩语	주어	不如/没有	비교대상	형용사
	빵(은) 과일만큼 맛있지 않아요.			

※ '比'자문의 부정형식은 '不比'를 사용하지 않고, 'A + 不如/没有 + B + 형용사'를 사용한다. 不比'는 '~와 비교하지 못 한다' 혹은 '~와 다르다'의 뜻으로 사용된다.

핵심 문법 重点语法

의문문

汉语	水果	比	面包	便宜	吗?
韩语	과일(은)	보다	빵	쌉니	까?
	과일(은) 빵 보다 쌉니까?				

[동등비교 和~一样 / 和~一样 + 형용사]

A는 B와 같다. A는 B와 같이 ~하다.

汉语	水果	和	面包	一样。
韩语	과일은	이랑	빵	똑같아.

汉语	水果	和	面包	一样	好吃。
韩语	과일은	이랑	빵	똑같이	맛있어.

[의문어기 조사] 呢

① 상대방의 질문을 똑같이 다시 묻고자 할 때, 동일한 의문문의 생략, 의문어기의 강조

: "너는?", "그는?", "그들은?"

汉语	你	呢?
韩语	너	는?

A: 我胖吗?

B: 你不胖.

A: 她呢?

B: 她很胖.

② 강조의 어기 : ~이지요, ~이네요.

汉语	学校	很	远	呢！
韩语	학교는	너무	머	네요!

汉语	汉语	很	有意思	呢！
韩语	중국어는	정말	재미있	네요!

[접속사 连词 又A…又B]

A도 해당이 되고 B도 해당된다. A, B 두 상태가 동시에 존재함을 의미한다. A, B는 형용사와 동사만 해당된다.

汉语	苹果	又	大	又	好吃。
韩语	주어	又	형용사1	又	형용사2
	사과는	또한	크고	또한	맛있어요.
	사과는 크기도 하고 맛있기도 해요.				

汉语	汉语	又	容易	又	有意思。
韩语	주어	又	형용사1	又	형용사2
	중국어는	또한	쉽고	또한	재밌어요.
	중국어는 쉽고 재미있어요.				

확인문제 重点练习

1. 오늘 과일이 조금 비싸요.

2. 맛이 어때요?

3. 너무 기뻐요.

4. 대단히 젊다.

5. 그다지 바쁘지 않아요.

6. 너는?

7. 중국어는 재미있다.

8. 가장 재미없다.

9. (교실분위기가)식당(과) 같아.

10. 빵보다 싸다.

회화연습 情景会话

Nǐ jīntiān mángbu máng?

柔美 你今天忙不忙?

Wǒ jīntiān bù máng. nǐ ne?

志远 我今天不忙。你呢?

Hé zuótiān yíyàng, yǒudiǎnr máng. nǐ de hànyǔshū guìma?

柔美 和昨天一样,有点儿忙。你的汉语书贵吗?

Wǒ de hànyǔshū bú tái guì, bǐ hányǔshū piányi.

志远 我的汉语书不太贵,比韩语书便宜。

Nǐ men de hànyǔ lǎoshī zěnmeyàng?

你们的汉语老师怎么样?

Wǒmen de hànyǔ lǎoshī hěnhǎo, yòu nián qīng yòu piào liang.

柔美 我们的汉语老师很好,又年轻又漂亮。

Zhēnde ma? wǒmen de lǎoshī bú tài piàoliang,

志远 真的吗?我们的老师不太漂亮,

búguò hànyǔkè fēicháng yǒuyìsi.

不过汉语课非常有意思。

Zhēnde. hànyǔ yǒudiǎnr nán,

柔美 真的。汉语有点儿难,

kěshì hànyǔkè zuì yǒu yìsi.

可是汉语课最有意思。

liǎngzhī lǎohǔ
两只老虎
두 마리 호랑이

liǎngzhī lǎohǔ
两只老虎 호랑이 두 마리

liǎngzhī lǎohǔ
两只老虎 호랑이 두 마리

pǎo de kuài
跑得快 빨리 달리네.

yìzhī méiyǒu ěrduo
一只没有耳朵 한 마리는 귀가 없고,

yìzhī méiyǒu wěiba
一只没有尾巴 한 마리는 꼬리가 없고

zhēn qíguài
真奇怪 정말 이상해!

zhēn qíguài
真奇怪 정말 이상해!

연습문제 练习题

다음 그림에 어울리는 표현을 찾아 ✓표 해보세요. 看图选项。

(1) □ 高兴 □ 不高兴

(2) □ 贵 □ 不贵

(3) □ 好吃 □ 不好吃

(4) □ 年轻 □ 老

다음 중국어 표현이 옳은 것은 O, 틀린 것은 X표 하고, 바르게 고쳐 보세요.
判断正误, 修改病句

1. 很漂亮我的老师。( ): ______________________

2. 今天我不忙。( ): ______________________

3. 他几岁吗? ( ): ______________________

4. 我很忙, 也他很忙。( ): ______________________

도전하기 挑战自己

熊猫

狮子

斑马

企鹅

熊

狐狸

子鼠	zǐ shǔ	자는 쥐	熊猫	xióngmāo	판다
丑牛	chǒu niú	축은 소	乌龟	wūguī	거북
寅虎	yín hǔ	인은 호랑이	大象	dàxiàng	코끼리
卯兔	mǎo tù	묘는 토끼	狮子	shīzi	사자
辰龙	chén lóng	진은 용	犀牛	xīniú	코뿔소
巳蛇	sì shé	사는 뱀	斑马	bānmǎ	얼룩말
午马	wǔ mǎ	오는 말	鳄鱼	èyú	악어
未羊	wèi yáng	미는 양	企鹅	qǐ'é	펭귄
申猴	shēn hóu	신은 원숭이	长颈鹿	chángjǐnglù	기린
酉鸡	yǒu jī	유는 닭	熊	xióng	곰
戌狗	xū gǒu	술은 개	狐狸	húli	여우
亥猪	hài zhū	해는 돼지	海豚	hǎitún	돌고래
袋鼠	dàishǔ	캥거루	鲨鱼	shāyú	상어

大	dà	크다	小	xiǎo	작다	多	duō	많다
高	gāo	높다	低	dī	낮다	远	yuǎn	멀다
晴	qíng	맑다	阴	yīn	흐림	冷	lěng	춥다
快	kuài	빠르다	慢	màn	느리다	胖	pàng	뚱뚱하다
轻	qīng	가볍다	重	zhòng	무겁다	贵	guì	비싸다
好	hǎo	좋다	坏	huài	나쁘다	湿	shī	습하다
深	shēn	깊다	浅	qiǎn	얕다	渴	kě	목 타다
困	kùn	졸리다	晕	yūn	어지럽다	长	cháng	길다
烦	fán	귀찮다	闷	mēn	답답하다	饿	è	배고프다
厚	hòu	두껍다	薄	báo	얇다	穷	qióng	가난하다
宽	kuān	넓다	窄	zhǎi	좁다	咸	xián	짜다
酸	suān	시다	甜	tián	달다	苦	kǔ	쓰다
伤心	shāngxīn	슬프다	无聊	wúliáo	심심하다	危险	wēixiǎn	위험하다
含糊	hánhu	모호하다	安静	ānjìng	조용하다	快乐	kuàilè	즐겁다

도전하기 挑战自己

保守	bǎoshǒu	보수적이다	开朗	kāilǎng	명랑하다	简单	jiǎndān	간단하다
温柔	wēnróu	온유하다	健康	jiànkāng	건강하다	坚强	jiānqiáng	굳세다
认真	rènzhēn	진지하다	优秀	yōuxiù	우수하다	聪明	cōngmíng	총명하다
清楚	qīngchu	명확하다	紧张	jǐnzhāng	불안하다	干净	gānjìng	깨끗하다
少	shǎo	적다	爱	ài	사랑하다	可怕	kěpà	두렵다
近	jìn	가깝다	短	duǎn	짧다	可爱	kě'ài	귀엽다
热	rè	덥다	饱	bǎo	배부르다	严格	yángé	엄격하다
瘦	shòu	마르다	幸运	xìngyùn	운이좋다	便宜	piányi	싸다
笨	bèn	우둔하다	淡	dàn	싱겁다	勇敢	yǒnggǎn	용감하다
丑	chǒu	못생기다	辣	là	맵다	伟大	wěidà	위대하다

위 표의 동물명칭과 형용사를 사용하여 다양하게 표현해 보세요.

1. (여우)很(총명하다)。

2. (악어)比(상어)更(위험하다)。

3. (귀엽다)的(펭귄)。

금기시하는 선물

나라마다 문화와 관습의 차이에 따라 각각의 "선물"이 가지고 있는 의미는 매우 다양하다. 그러므로 그 나라 사람에게 선물을 할 때에 금기시하는 물건들이 있다.
중국인들은 선물품목의 '이름(발음)'에 매우 민감하다. 선물로 준비한 품목의 명칭이 부정적인 의미를 갖는 문화(관습)용어, 개념 등과 발음이 유사할 경우, 그 품목을 선물로 주고받는 것을 극도로 꺼리는 경향이 있다. 중국에서는 비즈니스나 연애를 할 때, 금기시 하는 선물을 잘못 건네면 일이나 상황이 어긋날 수 있으니 주의해야 한다.

시계

钟 zhōng | 終 zhōng(죽다, 끝나다)

전통적으로 중국인들은 시계를 '쫑(鐘)'이라 부른다. 이는 '끝났다(終)'라는 말과 발음이 'zhong'으로 같다. 따라서 시계를 선물하게 되면 중국인들은 은연 중에 "끝내자는 것이구나.'라는 뜻으로 받아들인다.

신발

鞋 xié | 邪 xié(재화, 재앙)

이 역시 발음과 관련 있다. 신발(鞋 xie)은 '사악하다(邪 xie)'와 발음이 같다. 따라서 신발이나 벨트를 선물하는 것은 '사악한 기운을 보낸다.'는 의미로 받아들일 수 있다.

우산

伞 sǎn | 散 sàn(흩어지다)

산(伞 san)은 '헤어지다(散 san)'와 발음이 비슷하다.

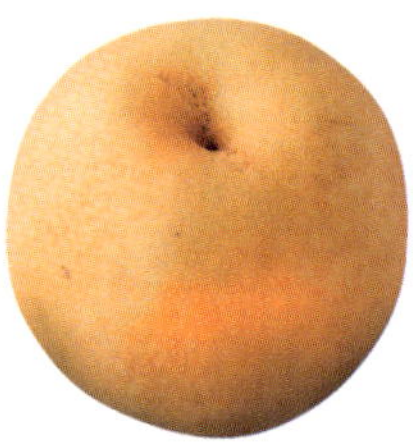

배

梨 lí | 离 lí(헤어지다)

과일인 배(梨)나 자두(李) 역시 같은 의미로 선물로서는 꺼린다. 두 과일 모두 발음이 'li'로 '헤어지다(離)'와 같은 발음이 난다는 이유이다.

제4과

胖了。

살쪘어요.

나의 단어장 我的生词表

胖 pàng [형] 뚱뚱하다

可爱 kě'ài [형] 귀엽다

牙 yá [명] 이, 치아

疼 téng [형] 아프다

头发(髮) tóufa [명] 머리카락

一起 yìqǐ [부] 같이. 함께

幸福 xìngfú [형.명] 행복하다

菜 cài [명] 채소. 요리

淡 dàn [형] 싱겁다

咸(鹹) xián [형] 짜다

累 lèi [형] 힘들다

上午 shàngwǔ [명] 오전

下午 xiàwǔ [명] 오후

对(對) duì [형] 옳다

正确 zhèngquè

冬天 dōngtiān [명] 겨울

春天 chūntiān [명] 봄 夏天 xiàtiān [명] 여름

秋天 qiūtiān [명] 가을

天气(氣) tiānqì [명] 날씨

冷 lěng [형] 춥다

最近 zuìjìn [명] 최근. 요즈음

难(難) nán [형] 어렵다

咖啡厅 kāfēitīng [명] 커피숍, 카페

了 le [조] 어기조사

远(遠) yuǎn [형] 멀다

觉得(覺) juéde [동] …라고 여기다

听说 tīngshuō [동] 들은 바로는~하다

变(變) biàn [동] 변하다

嗯èn [조] 응. 그래

也 yě [부] …도

又 yòu 또. 다시 都 dōu 모두. 다

下雨 xiàyǔ [동] 비가 내리다

下雪 xiàxuě [동] 눈이 내리다

越来越…yuèláiyuè…[부] 점점. 더욱더

한자쓰기 写汉字

胖				对			
最				冷			
幸				爱			
福				都			
远				觉			
菜				疼			
咸				难			
淡				越			

한자 이야기 汉字的发展

shàng 上 윗 상				

지사指事

‘지사자’는 눈으로 보면 형태를 알아볼 수 있고, 상세하게 살펴보면 그 뜻을 이해할 수 있는 글자입니다. “上” 은 평행선 위에 어떤 사물이 있음을 부호로 표시한 글자입니다.

핵심 문법 重点语法

[형용사 술어문 形容词谓语句] + 了$_2$

'주어+술어(형용사)'의 문장 끝에 '了'를 더하면, 변화의 어기를 나타낸다.

긍정문

汉语	弟弟	很	胖。	
韩语	남동생(은)	매우	뚱뚱해요.	

汉语	弟弟		胖	了。
韩语	남동생(은)		뚱뚱해	졌어요.

의문문

汉语	弟弟	胖	吗?
韩语	남동생(은)	뚱뚱하-ㅂ	니까?

汉语	弟弟	胖了	吗?
韩语	남동생(은)	살쪘-습	니까?

부정문

汉语	弟弟	不	胖。
韩语	남동생(은)	안	뚱뚱해요.

정반의문문

汉语	弟弟	胖	不	胖?
韩语	남동생(은)	뚱뚱해요	안	뚱뚱해요?

[부사 副词]

'也', '又', '都'는 '주어 + '也' / '又' / '都' + 술어'의 형식으로 사용되며, 주로 사물의 상태나 동작의 변화, 반복 등을 나타낸다.

'又'는 하나의 주어를 사용하고, 주어가 예전에 했던 동작상황의 반복을 나타낸다.

汉语
韩语

他	又	累	了
그는	또	힘들어	졌다!

汉语	他	又	吃
韩语	그는	또	먹는다

他	又	吃	了
그는	또	먹	었다!

※ '又'의 뒤에 형용사가 놓이면 상태변화를 나타낸다. 따라서 '又+형용사'의 형식은 잘못된 표현이다.

'也'는 주어가 다르며, 다른 사람과 같은 동작을 할 때에 사용한다.

汉语	他	也	(很)累
韩语	그	도	힘들다!

他	也	累	了
그	도	힘들어	졌다!

汉语	他	也	吃
韩语	그	도	먹는다.

他	也	吃	了
그	도	먹	었다!

핵심 문법 重点语法

'都'는 주어가 다르지만(복수주어), 같은 상태이거나 같은 동작을 할 때 사용한다.

汉语	我	和	他	都	(很)累
韩语	나	와	그는	모두	힘들다

我	和	他	都	累	了
나	와	그는	모두	힘들어	졌다

汉语	我	和	他	都	吃
韩语	나	와	그는	모두	먹는다

我	和	他	都	吃	了
나	와	그는	모두	먹어	-ㅆ다

* 吃 chī 먹다

["了"를 사용한 고정형식]

형용사 뒤에 '了'를 사용한 고정형식

汉语	太	累	了。
韩语	너무	~	해요.
	너무 힘들어요.		

汉语	变	漂亮	了
韩语	변화	~하게	했어요.
	예뻐졌어요.		

汉语	更	好	了
韩语	더/더욱	~	해졌어요.
	더 좋아졌어요.		

汉语	越来	越	多	了。
韩语	점점/갈수록	더	~	해졌어요.
	갈수록 더 많아졌어요.			

[觉得 & 听说]

'觉得'는 "~라고 생각하다", "제가 생각하기에는~"의 뜻으로 사용되고, '听说'는 "듣기에 ~라고 하다", "듣자하니 ~라고 하다"의 뜻으로 사용된다. '주어 + 觉得 + [생각 · 의견]', '听说 + [의견: 동사/ 형용사구]'의 형식으로 표현한다. '觉得'는 주관적인 느낌 또는 개인의 생각을 표현할 때 사용하고, '听说'는 제 3자에게 들은 소식을 그대로 전달할 뿐, 화자의 생각이나 느낌을 나타내지 않는다.

汉语	我	觉得	她 很 胖		
韩语	주어	술어	주어	부사어	술어
	저는	~라고 생각해요.	그녀는 너무 뚱뚱해요.		
	저는 그녀가 너무 뚱뚱하다고 생각해요.				
汉语	我	听说	她 很 胖		
韩语	주어	술어	주어	부사어	술어
	제가	듣기에	그녀는 매우 뚱뚱해요.		
	(듣자하니) 그녀는 매우 뚱뚱하다고 하더군요.				

확인문제 重点练习

1. 그녀는 뚱뚱해.

2. 그녀는 뚱뚱해졌다.

3. 그도 뚱뚱해.

4. 그도 뚱뚱해졌다.

5. 그들은 모두 뚱뚱해.

6. 그들은 모두 뚱뚱해졌다.

문장의 제일 앞에, "请" 하나만 첨가해주면, "~해주세요, ~하세요. ~하십시오."의 표현이 완성됩니다.

qǐng 请	qǐng jìn 请 进	들어오십시오.
	qǐng yòng 请 用	(음식, 음료 등)드세요.
	qǐng zuò 请 坐	앉으세요.
	qǐng kè 请 客	한턱내겠습니다.
	qǐng wèn 请 问	말씀 좀 여쭙겠습니다.

문장을 만들어 보세요 造句

1. 어제 오전에 나는 이가 너무 아팠어요.

2. 내일도 많이 춥겠지요?

3. 요즘 학생들은 너무 힘들어요.

4. 중국의 과일은 정말 싸고 맛있어요.

5. 우리(의) 학교는 매우 크고, 학생도 많아요.

6. 나랑 내 친구랑 요즘 모두(둘 다) 살 쪘죠?

7. 듣기에 학교식당 요리가 그다지 짜지 않다고 하던데요.

8. 제 생각에 그녀는 요즘 정말 행복한 거 같아요.

회화연습 情景会话

ā chéng　Jīntiān tiānqì zěnmeyàng?

柔美 阿成，今天天气怎么样？

Bǐ zuótiān lěng.　Hánguó de dōngtiān yě hěn lěng ma?

石成 比昨天冷。韩国的冬天也很冷吗？

Hánguó de dōngtiān bú tài lěng.

柔美 韩国的冬天不太冷。

ā chéng　zuìjìn wǒ yòu pàng le ba?

阿成，最近我又胖了吧？

N ǐ bú pàng.　búguò nǐ dìdi zuìjìn yuè lái yuè pàng le.

石成 你不胖。不过你弟弟最近越来越胖了。

Wǒ dìdi pàng le ma?

柔美 我弟弟胖了吗？

Wǒ juéde tā tài pàngl e.　duì le,　tā zuótiān hěn máng ma ?

石成 我觉得他太胖了。对了，他昨天很忙吗？

En,　tīngshuō tā zuótiān shàngwǔ fēicháng máng.

柔美 嗯，听说他昨天上午非常忙。

Jīntiān xuéxiào shítáng de cài zěnmeyàng?　xián bu xián?

石成 今天学校食堂的菜怎么样？咸不咸？

Jīntiān de wèidào hái kěyǐ,　bú tài xián.

柔美 今天的味道还可以，不太咸。

쉬어가기 了解了解

[출처: http://m.sohu.com/a/243821276_427900/?pvid=000115_3w_a]

tí xī lín bì
题西林壁
서림사벽에 쓰다

sū shì
苏轼 소식

hēng kàn chēng lǐng cè chēng fēng
横看成岭侧成峰
옆에서 보면 고갯마루 가로질러보면 봉우리

yuǎn jìn gāo dī ge bù tóng.
远近高低各不同.
원근과 고저가 제각각 다르네.

bù shí lú shān zhēn miàn mù
不识庐山眞面目
여산의 참모습을 알 수 없는 것은

zhǐ yuán shēn zài cǐ shān zhōng.
只缘身在此山中.
오직 이 몸이 산 속에 있기 때문이네.

연습문제 练习题

변화의 어기를 나타내는 "了"를 사용하여, 그림의 상황에 알맞게 표현해 보세요.
看图说一说

1. 小：

2. 胖：

3. 多：

4. 瘦：

그림을 보고, 빈 칸에 어울리는 어휘를 넣어보세요. 看图填空。

1. 又(　　)又(　　)。

2. 水果很(　　　　)。

다음 중국어 표현이 옳은 것은 O, 틀린 것은 X표 하고 바르게 고쳐 보세요.
判断正误，修改病句

1. 昨天他不有点儿高兴。(　　)

2. 中国的水果便宜又好吃又。(　　)

3. 明天天气冷了。(　　)

4. 她也胖了。(　　)

도전하기 挑战自己

水果	shuǐguǒ	과일	柚子	yòu·zi	유자	颜色	yán sè	색깔, 컬러
草莓	cǎoméi	딸기	蓝莓	lánméi	블루베리	红色	hóngsè	빨강
榴莲	liúlián	두리언	百香果	bǎixiāngguǒ	패션푸르트	赤色	chì	적색
梨	lí	배	哈密瓜	hāmìguā	메론	橙色	chéngsè	주황색
山楂	shānzhā	산사자	猕猴桃	míhóutáo	키위	黄色	huángsè	노란색
香蕉	xiāngjiāo	바나나	牛油果	niúyóuguǒ	아보카도	绿色	lǜsè	녹색
石榴	shí·liu	석류	西红柿	xīhóngshì	토마토	青色	qīngsè	파란색
芒果	mángguǒ	망고	火龙果	huǒlóngguǒ	용과	蓝色	lánsè	남색
樱桃	yīngtáo	앵두	山竹	shānzhú	망고스틴	紫色	zǐsè	자색
李子	lǐ·zi	자두	香瓜	xiāngguā	참외	黑色	hēisè	검은색
葡萄	pú·táo	포도	荔枝	lìzhī	여지	白色	báisè	흰색
苹果	píngguǒ	사과	菠萝	bōluó	파인애플	粉色	fěnsè	분홍색
桃子	táo·zi	복숭아	柿子	shì·zi	감	棕色	zōngsè	갈색
椰子	yē·zi	야자수	柠檬	níngméng	레몬	灰色	huīsè	회색
桂圆	guìyuán	용안	释迦	shìjiā	석가	褐色	hèsè	갈색

方向	fāngxiàng	방향	位置	wèizhì	위치
东	dōng	동	南	nán	남
西	xī	서	北	běi	북
前	qián	전	后	hòu	후
左	zuǒ	좌	右	yòu	우
上	shàng	상	下	xià	하
里	lǐ	내(안)	外	wài	외(밖)
这	zhè	이	那	nà	저
边	biān	~쪽	中间	zhōngjiān	가운데
面	miàn	~방면	对面	duìmiàn	맞은편

위 표의 어휘를 사용하여 자유롭게 표현해보고, 뜻을 말해보세요.

1. (위쪽)(빨강)的(사과)比(아래쪽)(녹색)的(사과)多。

2. 请尝尝(이쪽)的(복숭아), (이쪽)的(복숭아)很(달다)。

3. (노란색)的(바나나)和(자색)的(여지)很好吃。

4. (빨강)的(복숭아)很(크다), (노란색)的(망고)很(작다)。

긴급 전화번호

中国	긴급전화	韩国
110	 警察 경찰(신고, 제보)	112
119	 火警 화재, 조난	119
120	 救护 응급의료	1339
122	 交通肇事 교통사고	119
114	 号码查询 전화번호 문의	114
12121	 天气查询 기상정보	131

제5과

喝咖啡。

커피를 마셔요.

나의 단어장 我的生词表

请 qǐng [동] 청하다

听(聽) tīng [동] 듣다

说(說) shuō [동] 말하다

读(讀) dú [동] 소리 내어 읽다

写(寫) xiě [동] 쓰다

看 kàn [동] 보다

水 shuǐ [명] 물

热水 rèshuǐ [명] 따끈한 물

家 jiā [명] 집

去 qù [동] 가다

走 zǒu [동] 가다. 걷다

路 lù [명] 길

没 méi [동] 부정을 나타냄

衣服 yīfu [명] 옷

吃(喫) chī [동] 먹다

喝 hē [동] 마시다

学习(學習) xuéxí [동/명] 공부하다. 공부

学 xué [동] 배우다

买(買) mǎi [동] 사다

卖 mài [동] 팔다

玩儿 wánr [동] 놀다

回(迴) huí [동] 되돌리다

饭(飯) fàn [명] 밥

还(還) hái [부] 아직도. 여전히

开学 kāixué [동] 개학하다

作业 zuòyè [명] 숙제. 과제

电影 diànyǐng [명] 영화

饮料(飲) yǐnliào [명] 음료

果汁 guǒzhī [명] 주스

音乐(樂) yīnyuè [명] 음악

用 yòng [동] 쓰다. 사용하다

啤酒 píjiǔ [명] 맥주

正在 zhèngzài [부] …하고 있다

购物(購) gòuwù [동] 물건을 사다

为什么(爲甚麽)wèishénme [의] 왜. 어째서

上班 shàngbān [동] 출근하다

下班 xiàbān [동] 퇴근하다

上课 shàngkè [동] 수업하다

下课 xiàkè [동] 수업이 끝나다

打电话 dǎdiànhuà [동] 전화를 걸다

手机 shǒujī [명] 휴대폰

一边…一边… yìbiān…yìbiān…[접] ~하면서~하다

한자쓰기 写汉字

请				读			
听				饭			
说				饮			
写				没			
看				啤			
家				酒			
影				班			
起				买			

한자 이야기 汉字的发展

hǎo 好 좋을 호					

회의会意

'회의자'는 이치 상 연관성이 있는 두 개 이상의 구성성분(字素)을 조합하여 새로운 뜻을 나타내는 글자입니다. "好"는 어머니가 아이를 안고 있는 모습으로, 아이를 안고 있는 어머니의 기쁜 마음을 뜻하는 글자입니다.

핵심 문법 重点语法

[동사 술어문 动词谓语句]

동사가 목적어를 수반하는 경우, 중국어는 한국어와 달리 목적어가 동사 뒤에 위치한다.

긍정문

주어	술어(동)	목적어
我	吃	饭
나(는) 밥을 먹는다.		

주어	술어(동)	목적어	了
我	吃	饭	了
나(는) 밥을 먹었다.			

※ '了'는 동작동사 뒤에 쓰여 동작이 이미 발생되었음을 나타낸다. 일반 동사술어문은 현재 취하고 있는 동작을 표현하는 것이므로 '了'를 동작동사 뒤에 사용한 문장과 의미가 구분된다.

※ '了'는 동사 혹은 형용사 뒤에 쓰여 상태 또는 성질이 변화되었음을 나타낸다.

1. 형용사 + 了

	형용사	了
汉语	胖	了
韩语	뚱뚱해	졌다
汉语	冷	了
韩语	추워	졌다

2. 동사(자) + 了

	자동사	了
汉语	哭	了
韩语	울어	-ㅆ다
汉语	笑	了
韩语	웃어	-ㅆ다
汉语	开学	了
韩语	개학해	-ㅆ다

부정문

주어	不	술어	목적어
我	不	吃	饭
나(는)	안	먹는다.	밥을

주어	没	술어	목적어
我	没	吃	饭
나는	못	먹었다.	밥을

의문문

주어	술어	목적어	吗？
你	吃	饭	吗？
당신은 밥을 먹습니까?			

주어	술어	목적어	了	吗？
你	吃	饭	了	吗？
당신은	먹어	밥을	–ㅆ	습니까?
당신은 밥을 먹었습니까?				

정반의문문

주어	동사	不	동사
你	吃	不	吃?
당신은 먹어요 안 먹어요?			

주어	동사	没	동사
你	吃	没	吃?
당신은 먹었어요 안 먹었어요?			

주어	동사	不	동사	목적어
你	吃	不	吃	饭？
당신은 밥을 먹어요 안 먹어요?				

주어	동사	没	동사	목적어
你	吃	没	吃	饭？
당신은 밥을 먹었어요 안 먹었어요?				

핵심 문법 重点语法

[연동문]

술어가 두 개 혹은 두 개 이상의 동사로 이루어진 문장이다. 동사구 사이에는 휴지가 없고 관련 어구도 없으며 두 개의 동사구가 하나의 주어를 공유하는데, 이러한 문장을 연동문이라 부른다.

주어	동사구1		동사구2	
	술어	목적어	술어	목적어
我	去	食堂	吃	饭。
나는 식당에 가서 밥을 먹는다. 나는 밥 먹으러 식당에 간다.				

주어	동사구1		동사구2	
	술어	목적어	술어	목적어
爸爸	回	家	喝	啤酒。
아버지는 집에 돌아가서 맥주를 드신다. 아버지는 맥주 드시러 집에 가신다.				

[一边…一边…]

~하면서 ~하다. (두 개의 동작이 동시에 진행될 때)

주어	一边 + 술어	一边 + 술어
她	一边走	一边看。
그녀는 걸으면서 바라본다.		
爸爸和他的朋友们	一边喝啤酒	一边聊天儿。
아버지와 아버지의 친구분들은 맥주를 드시면서 이야기를 나눈다.		

[正在…… 呢]

~하고 있는 중이다. ~하고 있다. (동작의 진행을 강조)

주어	正在	술어
弟弟	正在	上课呢。
남동생은 수업 중이다.		
他	正在	一边喝咖啡一边写作业呢。
그는 커피를 마시면서 과제를 하는 중이다.		

주어	正	술어
弟弟	正	上课呢。
남동생은 마침 수업 중이다.		

주어	在	술어
弟弟	在	上课呢。
남동생은 수업 중이다.		

확인문제 重点练习

1. 3개를 먹는다.

2. 두 번을 쓰다.

3. 한 잔을 마시다.

4. 한 벌을 사다.

※ 동사의 동작이 이미 발생하였거나 실현된 경우, 동사 뒤에 곧바로 '了'를 붙여준다.

5. 5번을 봤다.

6. 한 잔을 마셨다.

7. 두 벌을 샀다.

8. 한 장을 샀다.

个 gè 개	遍 biàn 횟수 번	次 cì 차례횟수	杯 bēi 잔	件 jiàn 건, 벌
顿 dùn 밥 ~끼	瓶 píng 병	双 shuāng 쌍	张 zhāng 매, 장	条 tiáo 가늘고 긴 것

문장을 만들어 보세요 造句

1. 나는 내일 너무 바빠서 집에 못가요.

2. (듣자하니) 아빠는 어제 옷을 사지 않았고, 맥주를 드셨다고 하더군요.

3. 저는 당신이랑 함께 쇼핑하는 것이 제일 재미있다고 생각해요.

4. 커피를 마시면서 영화를 보는 것은 정말 행복해요.

5. 나랑 여동생은 집에 가지 않고, 학교에 가요.

6. 어제는 배가 조금 아파서 수업에 못 갔어요.

7. 그는 통화중이네요.

8. 왜 아직도 따뜻한 물을 안 마셨어요?

회화연습 情景会话

Nǐ xiànzài huíjiā ma?

石成 你现在回家吗？

Wǒ bù huíjiā. wǒ xiànzài qù xuéxiào de kāfēitīng, nǐ qù ma?

柔美 我不回家。我现在去学校的咖啡厅，你去吗？

Hǎo a, yìqǐ qù ba.

石成 好啊．一起去吧。

Nǐ jīntiān hē kāfēi le ma?

柔美 你今天喝咖啡了吗？

Hái méi ne. shàng wǔ wàiguó péngyǒu lái le, yǒudiǎnr máng.

石成 还没呢。上午外国朋友来了，有点儿忙。

Wǒ péngyou zhèngzài yìbiān hē kāfēi yìbiān tīng yīnyuè ne.

柔美 我朋友正在一边喝咖啡一边听音乐呢。

Wǒmen yě qù ba!

我们也去吧！

Tài hǎo le. nǐ dìdi yě yìqǐ qù ma?

石成 太好了．你弟弟也一起去吗？

Bù, tā zhèngzài shàngbān ne!

柔美 不，他正在上班呢！

쉬어가기 了解了解

● 외래어로 표기된 브랜드 이름을 알아봅시다.

汉堡王 Hànbǎowáng

LOTTERIA
乐天利

乐天利 Lètiānlì

肯德基 Kěndéjī

家乐福 Jiālèfú

麦当劳 Màidāngláo

咖啡陪你 Kāfēipéinǐ

DUNKIN' DONUTS®
唐恩都乐®

康恩都乐 Kāngēndōulè

易买得 Yìmǎidé

沃尔玛 Wò'ěrmǎ

● 중국어의 외래어 표현법

음역	외래어의 음(소리)만 중국어로 옮긴 경우를 가리킨다.
의역	외래어의 뜻(의미)만 중국어로 옮긴 경우를 가리킨다.
음역 + 의역	음(소리)과 뜻(의미)을 함께 중국어로 옮긴 경우를 가리킨다.

연습문제 练习题

● 듣기연습 听力练习

1. 上星期一我和朋友看电影了。

A. 

B. 

C. 

D. 

2. 我不喝饮料。

A. 

B. 

C. 

D. 

3. 我们一起听音乐吧!

A. 

B. 

C. 

D. 

4. 你姐姐还没开学吗?

A. 

B. 

C. 

D. 

● 틀린 문장을 바르게 고쳐보세요.
修改病句。

1. 昨天我和爸爸不一起吃饭。

2. 她正在不喝咖啡。

3. 他的朋友没是外国人。

4. 为什么不上课吗?

도전하기 挑战自己

小学	xiǎoxué	초등학교	大使馆	dàshǐguǎn	대사관
中学	zhōngxué	중학교	博物馆	bówùguǎn	박물관
初中	chūzhōng		图书馆	túshūguǎn	도서관
高中	gāozhōng	고등학교	会议室	huìyìshì	회의실
大学	dàxué	대학	自习室	zìxí shì	스터디룸
家	jiā	집	办公室	bàngōngshì	사무실
房间	fángjiān	방	书店	shūdiàn	서점
院子	yuàn·zi	정원	超市	chāoshì	슈퍼마켓
楼梯	lóutī	계단	商店	shāngdiàn	상점
台阶	táijiē		便利店	biànlìdiàn	편의점
学校	xuéxiào	학교	专卖店	zhuānmàidiàn	전문 매장
教室	jiàoshì	교실	市场	shìchǎng	시장
操场	cāochǎng	운동장	快餐店	kuàicāndiàn	패스트푸드점
宿舍	sùshè	기숙사.침실	西餐厅	xīcāntīng	레스토랑
寝室	qǐnshì		咖啡厅	kāfēitīng	커피숍
食堂	shítáng	구내 식당	银行	yínháng	은행
饭店	fàndiàn	식당	大楼	dàlóu	큰 건물. 빌딩
酒店	jiǔdiàn	호텔	大厦	dàshà	
药店	yàodiàn	약국	医院	yīyuàn	병원
动物园	dòngwùyuán	동물원	工厂	gōngchǎng	공장
游乐场	yóulèchǎng	놀이동산	邮局	yóujú	우체국
洗手间	xǐshǒujiān	화장실	快递公司	kuàidìgōngsī	택배회사
厕所	cèsuǒ		旅游公司	lǚyóu gōngsī	여행사
盥洗室	guànxǐshì		旅行社	lǚxíngshè	
公司	gōngsī	회사	警察局	jǐngchájú	경찰서

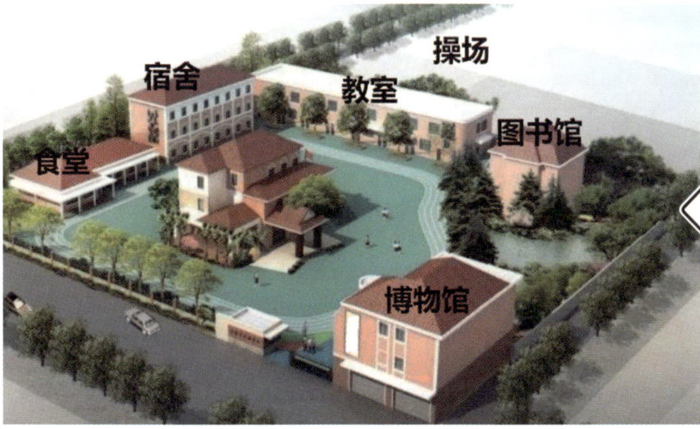

☆ 위 표의 어휘를 사용하여 다양하게 형태를 표현해 보고 뜻을 말해보세요.

1. (나)的(기숙사)的(뒤쪽)的(여행사)很(크다)。

2. (흰색)的(빌딩), 又(높다)又(크다)。

3. (학교)的(앞)的(마트), 又(크다)又(싸다)。

4. (운동장)(근처)的(식당), 越来越(맛있다)了。

도전하기 挑战自己

● "祝"를 사용하여 축하와 기원의 마음을 전해 볼까요.

<table>
<tr><td>zhù nǐ shēngrì kuàilè
祝你生日快乐！
생일 축하합니다.</td><td>zhù nín jiànkāngchángshòu.
祝您健康长寿。
건강과 장수를 기원합니다.</td></tr>
<tr><td>zhù nǐ chénggōng.
祝你成功。
성공하길 빕니다.</td><td>zhù nǐ hǎoyùn
祝你好运。
행운을 빕니다.</td></tr>
<tr><td>zhù lǚxíng yúkuài.
祝旅行愉快。
즐거운 여행되시기 바랍니다.</td><td>zhù yílùshùnfēng.
祝一路顺风。
가시는 길이 순조롭길 바랍니다.</td></tr>
<tr><td colspan="2">zhù nín wànshìrúyì.
祝您万事如意。
모든 일이 뜻대로 되시기 바랍니다.</td></tr>
</table>

제 6 과

在哪儿?

어디에 있어요?

나의 단어장 我的生词表

在 zài [동] ~에 있다

坐 zuò [동] 앉다, 타다

哪 nǎ [대] 어느

个 gè [양] 개

国家 guójiā [명] 국가

刚才 gāngcái [명] 방금. 지금 막

刚刚 [부] gānggāng

是 shì [동] ~는/은~이다

附属 fùshǔ [명/동] 부속(하다)

附近 fùjìn [명] 부근, 근처

做 zuò [동] 만들다. 하다

作 zuò [동] 하다

知道 zhīdào [동] 알다

安全 ānquán [동] 안전하다

有 yǒu [동] 가지고 있다. 소유하다

没有 méiyǒu [동] 없다

哪里 nǎli [대] 어디. 어느 곳

哪儿 nǎr

什么(麽) shénme [대] 무엇

地方 dìfāng [명] 장소. 곳

东西(東) dōngxi [명] 물건

时候(時) shíhou [명] ~할 때

考试(試) kǎoshì [동] 시험

工作 gōngzuò [명] 직업, 일

干活儿 gànhuór

公园(園) gōngyuán [명] 공원

医院(醫) yīyuàn [명] 병원

散步 sànbù [동] 산책하다

银行 yínháng [명] 은행

出差 chūchāi [동] 출장가다

离 lí [동] 떠나가다. …에서…까지

喜欢 xǐhuan [동] 좋아하다

医生 yīshēng [명] 의사

护士 hùshi [명] 간호사

公司 gōngsī [명] 회사

单位 dānwèi [명] 직장

从…到…(從) cóng…dào… [접] (시간, 공간) …부터 …까지…

한자쓰기 写汉字

是				差			
哪				有			
在				课			
离				做			
附				医			
属				院			
候				银			
考				试			

한자 이야기 汉字的发展

yuǎn 远 멀다 원	

형성形声

'형성자'는 의미를 나타내는 글자와, 새로 만들고자 하는 글자와 소리가 근사한 글자를 결합하여 만든 글자입니다. "远"은 '길을 가다'는 의미를 나타내는 '辶'과 소리를 나타내는 '袁'(袁은 옷이 길다는 의미도 함께 가지고 있다)이 결합하여 만들어진 글자입니다.

핵심 문법 重点语法

[판단동사 '是']

판단 동사 '是' 는 술어로 사용되어 '~은/는 ~이다'의 의미로 사용된다.

긍정문

주어(명사/명사구)	+	是	+	목적어(명사)
我们		是		学生。
우리는 학생이다.				

부정문

주어	+	[不] 是	+	목적어(명사)
我们		不 是		学生。
우리는 학생이 아니다.				

※ 2과에서 학습한 명사 술어문의 부정형식은 모두 여기에 해당한다.

의문문

주어	+	是	+	목적어	+	吗?
他们		是		学生		吗?
그들은 학생입니까?						

반어문

주어	+	不是	+	목적어	+	吗?
他们		不是		学生		吗?
그들은 학생이 아닙니까?						

정반의문문

주어	+	是不是	+	목적어?
他们		是不是		学生?
그들은 학생입니까 아닙니까?				

[소유동사 '有']

동사 '有'가 술어로 사용되어, '소유'의 의미를 나타낸다.

긍정문

주어(명사/명사구)	+	有	+	목적어(명사)
他		有		外国朋友。
그는 외국친구가 있다.				

부정문

주어	+	没有	+	목적어(명사)
我		没有		外国朋友。
나는 외국친구가 없다.				

의문문

주어	+	有	+	목적어	+	吗?
你		有		外国朋友		吗?
당신은 외국친구가 있습니까?						

반어문

주어	+	没有	+	목적어	+	吗?
学校		没有		学生		吗?
학교에는 학생이 없나요?						

정반의문문

주어	+	有没有	+	목적어?
学校		有没有		学生?
학교에는 학생이 있어요 없어요?				

[존재동사 '在']

'在' 역시 존재의미를 나타내는데, 일반적으로 장소를 나타내는 명사가 뒤에 놓인다.

긍정문

주어	+	在	+	处所
我		在		学校。
나는 학교에 있다.				

부정문

주어	+	不在	+	处所
我		不在		学校。
나는 학교에 있지 않다.				

의문문

주어	+	在	+	处所疑问词
你		在		哪儿?
너는 어디에 있니?				

반어문

주어	+	不在	+	处所	+	吗?
你		不在		学校		吗?
너는 학교에 있지 않니?						

정반의문문

주어	+	在不在	+	장소위치
他们		在不在		学校?
그들은 학교에 있어요? 없어요?				

핵심 문법 重点语法

[전치사] 从…到…

'从+ 시작점 + 到 + 도착점'의 형식으로 (시간 · 공간의)~부터 ~까지, ~에서 ~까지의 의미로 사용된다. '离'역시 '从'과 같은 의미로 사용되는데, '离'는 공간이나 시간에 있어서 두 지점 사이의 거리나 격차를 계산하는 기준점을 나타내고, '从'은 시작점을 강조한다.

从…到…	离…
从我家到学校很远。 우리집에서 학교까지는 멀다.	我家离学校很远。 우리집은 학교에서 멀다.
从现在到上课还有30分钟。 지금부터 수업시작까지 30분이 남았어.	现在离上课还有30分钟。 지금은 수업시작까지 30분이 남았어.
从星期一到星期四学习汉语。 월요일부터 목요일까지 중국어를 배웁니다.	星期一离星期四学习汉语。(X) 월요일은 목요일부터 중국어를 배웁니다.(x)

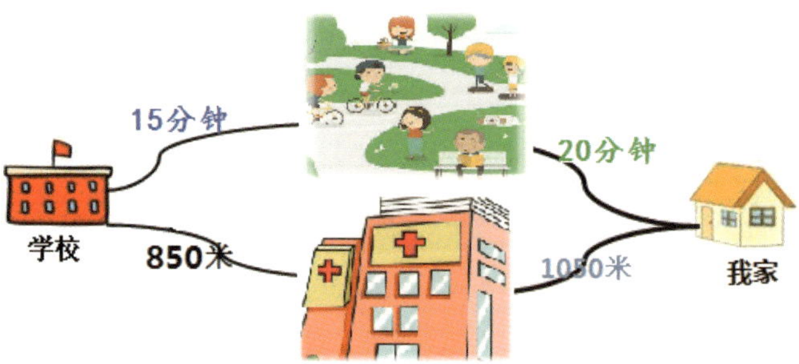

확인문제 重点练习

1. 그는 누구 입니까?

2. 너는 어디 가니?

3. 얼마입니까?

4. 학교는 어때요?

5. 당신은 무엇을 먹나요?

6. 언제?

7. 무슨 요일?

8. 왜?

9. 어째서?

10. 학교는 어떻게 가요?

11. 누가 선생님이신가요?

12. 어디에 커피가 있나요?

사람	谁	사물	什么
장소	哪儿	시간	什么时候
수량	多少 / 多+형용사 / 几	원인/목적	为什么 怎么了
상태	怎么样	수단/방법	怎么+동사

문장을 만들어 보세요 造句

1. 아빠는 방금 출장 가셨어요.

2. 지금 우리 어디(에) 가서 맥주 마셔요?

3. 내 친구는 남동생이 없고 형이 두 명 있어요.

4. 학생들이 가는 공원은 안전한가요?

5. 당신의 언니는 간호사 아닌가요?

6. 배가 아픈데 왜 병원에 안 갔어요?

7. 내일 시험은 몇 시에 어디서 봐요?

8. 회사에서 은행까지 멀어요?

회화연습 情景会话

zhìyuǎn　Xīngqītiān nǐ qù nǎr le?

媛媛 志远，星期天你去哪儿了？

Wǒ hé péngyou qù yīyuàn le.

志远 我和朋友去医院了。

Wèishénme qù yīyuàn le?

媛媛 为什么去医院了？

Péngyou de yá hěnténg,　bù chīfàn.

志远 朋友的牙很疼，不吃饭。

Xiànzài zěnmeyàng le?

媛媛 现在怎么样了？

Xiànzài bù téng le.

志远 现在不疼了。

Nǐmen qùde yīyuàn zài nǎr?　yuǎn ma?

媛媛 你们去的医院在哪儿？远吗？

Wǒ juéde bù yuǎn,　zài xué xiào hòumiàn de yínháng fùjìn.

志远 我觉得不远，在学校后面的银行附近。

A,　nà shì wǒmen xuéxiàode fùshǔ yīyuàn.

媛媛 啊，那是我们学校的附属医院。

Zhēnde ma?　qù yīyuàn de shíhòu wǒmen hái bù zhīdào.

志远 真的吗？去医院的时候我们还不知道。

연습문제 练习题

듣기연습 听力练习

1. 我在家看书。

A. 
B. 
C. 
D. 

2. 今天我还没喝啤酒。

A. 
B. 
C. 
D. 

3. 周末下午我和妈妈去公园散步了!

A. 
B. 
C. 
D. 

4. 我姐姐在饭店工作。

A. 
B. 
C. 
D. 

● 틀린 문장을 바르게 고쳐보세요.

修改病句。

1. 我不有朋友在银行工作。

2. 她爸爸是医生，工作在医院。

3. 公司附近是银行。

4. 为什么不做考试？

도전하기 挑战自己

국가명칭 뒤에 '人'이 같이 쓰이면 그 나라 사람이 되고, '语'를 같이 쓰면 그 나라의 언어가 된다. 전 세계에는 약 3000여 개의 언어가 있지만 사용인구가 비교적 많은 언어는 '英语', '汉语(中国语)', '韩语(韩国语)', '日语', '西班牙语', '阿拉伯语', '德语'등이 있다.

亚洲 Yàzhōu			欧洲 Ōuzhōu		
中国	Zhōngguó	중국	芬兰	Fēnlán	핀란드
韩国	Hánguó	한국	瑞典	Ruìdiǎn	스웨덴
日本	Rìběn	일본	挪威	Nuówēi	노르웨이
蒙古	Měnggǔ	몽골	法国	Fǎguó	프랑스
菲律宾	Fēilǜbīn	필리핀	波兰	Bōlán	폴란드
越南	Yuènán	베트남	捷克	Jiékè	체코
老挝	Lǎowō	라오스	德国	Déguó	독일
柬埔寨	Jiǎnpǔzhài	캄보디아	俄罗斯	éluósī	러시아
缅甸	Miǎndiàn	미얀마	瑞士	Ruìshì	스위스
泰国	Tàiguó	태국	英国	Yīngguó	영국
马来西亚	Mǎláixīyà	말레이시아	爱尔兰	Ài'ěrlán	아일랜드
新加坡	Xīnjiāpō	싱가포르	荷兰	Hélán	네덜란드
印度尼西亚	Yìndùníxīyà	인도네시아	比利时	Bǐlìshí	벨기에
尼泊尔	Níbó'ěr	네팔	卢森堡	Lúsēnbǎo	룩셈부르크
印度	Yìndù	인도	葡萄牙	Pútáoyá	포르투갈
巴基斯坦	Bājīsītǎn	파키스탄	意大利	Yìdàlì	이탈리아
斯里兰卡	Sīlǐlánkǎ	스리랑카	西班牙	Xībānyá	스페인
哈萨克斯坦	Hāsàkèsītǎn	카자흐스탄	非洲 Fēizhōu		
吉尔吉斯斯坦	Jí'ěrjísīsītǎn	키르기스스탄	埃及	Āijí	이집트
乌兹别克斯坦	Wūzībiékèsītǎn	우즈베키스탄	苏丹	Sūdān	술탄
阿富汗	Āfùhàn	아프가니스탄	利比亚	Lìbǐyà	리비아

沙特阿拉伯	Shātè Ālābó	사우디아라비아	津巴布韦	Jīnbābùwéi	짐바브웨
大洋洲 Dàyángzhōu			埃塞俄比亚	Āisài'ébǐyà	에티오피아
新西兰	Xīnxīlán	뉴질랜드	南美洲 Nán Měizhōu		
关岛	Guāndǎo	괌	阿根廷	Āgēntíng	아르헨티나
澳大利亚	Àodàlìyà	오스트레일리아	哥伦比亚	Gēlúnbǐyà	콜롬비아
北美洲 Běi Měizhōu			秘鲁	Bìlǔ	페루
美国	Měiguó	미국	巴西	Bāxī	브라질
墨西哥	Mòxīgē	멕시코	委内瑞拉	Wěinèiruìlā	베네수엘라
加拿大	Jiānádà	캐나다	智利	Zhìlì	칠레
海地	Hǎidì	아이티	厄瓜多尔	Èguāduō'ěr	에콰도르
古巴	Gǔbā	쿠바	南极洲 Nánjízhōu		

위 표의 어휘를 사용하여 다양하게 표현해 보고, 뜻을 말해보세요.

1. 你是哪国人？我是(한국)人。

2. 你朋友是印度人吗？不，我朋友是(중국)人。

3. 你在哪儿？我现在在(미국)。

4. (스페인어)有意思吗？

Jìng Yè Sī

静夜思

고요한 밤의 그리움

Lǐ bái
李白 이백

chuáng qián míng yuè guāng,
床前明月光,
침상 앞 밝은 달빛

yí shì dì shàng shuāng.
疑是地上霜。
땅 위에 내린 서리인가 하였네.

jǔ tóu wàng míng yuè,
举头望明月,
고개 들어 밝은 달 바라보다가

dītóu sī Gùxiāng.
低头思故乡。
고개 숙여 고향 생각에 잠기네.

제 7 과

不想学习。

공부하기 싫어요.

나의 단어장 我的生词表

要 yào [동/조동] 필요하다. ~하려고 하다

想 xiǎng [동] …하고 싶다 打算 dǎsuàn [동] 계획하다

地铁(鐵) dìtiě [명] 지하철

地铁站 dìtiězhàn [명] 지하철역

聊天 liáotiān [동] 잡담하다. 채팅하다

会(會)huì [명/조] 회의, ~할 수 있다

过(過) guò [동/조] 지나다. 경험하다

每 měi [명] 매. …마다

踢 tī [동] 차다

足球 zúqiú [명] 축구

运动(運動) yùndòng [동] 운동하다

经常 jīngcháng [부] 늘. 항상

≒常常 chángcháng 偶尔 ǒu'ěr 간혹.때때로

价格(價) jiàgé [명] 가격

质量 zhìliàng [명] 품질

旅行 lǚxíng [동/명] 여행하다. 여행

旅游 lǚyóu

哇 wa [감탄] 오~. 와~

飞机(飛機) fēijī [명] 비행기

机场 jīchǎng [명] 공항

放假 fàngjià [동] 휴가. 방학하다

暑假shǔjià [명] 여름 방학 寒假hánjià [명] 겨울 방학

叫 jiào [동] 부르다

名字 míngzi [명] 이름

累 lèi [형] 힘들다

容易 róngyì [형] 쉽다

洗澡 xǐzǎo [동] 목욕하다

游泳 yóuyǒng [동] 수영하다

当然 dāngrán [부] 당연히. 물론

护照(護) hùzhào [명] 여권

签证 qiānzhèng [명] 비자

睡觉 shuìjiào [동] 자다

出发 chūfā [동] 출발하다

电脑 diànnǎo [명] 컴퓨터

笔记本 bǐjìběn [명] 노트북

感冒 gǎnmào [명/동] 감기(에 걸리다)

因为…所以… yīnwèi …suǒyǐ [접] ~하기 때문에~하다. 왜냐하면~ 때문이다.

한자쓰기 写汉字

游				旅			
要				睡			
聊				觉			
质				做			
铁				等			
踢				寒			
脑				假			
购				球			

한자 이야기 汉字的发展

qiě
且
또 차

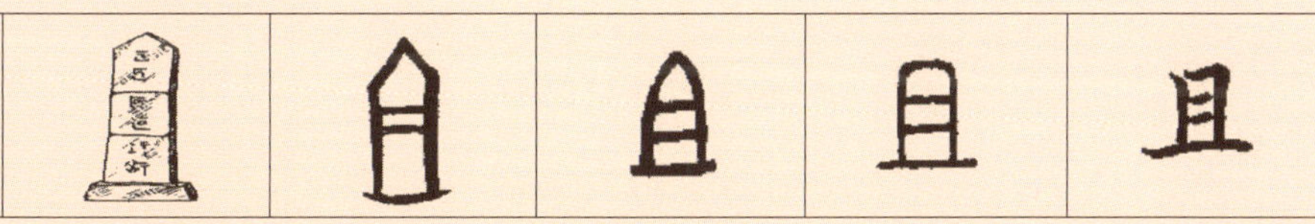

가차假借

'가차자'는 새로운 뜻을 표현하기 위해서 새로운 글자를 만들지 않고, 발음이 근사하거나 같은 글자를 빌려 쓰는 것을 말합니다. '且'는 본래 돌아가신 선조께 제사를 올릴 때 사용하던 위패를 본 뜬 글자였으나, 훗날 허사의미의 '且'로 가차하여 사용하였습니다.

핵심 문법 重点语法

[조동사 助动词] (1)

…하고 싶다. 하려고 하다.

※ 능원동사(能愿动词) 또는 조동사(助动词)라고 한다.

想 xiǎng	…하고 싶다. 어떤 일을 하고 싶은 소망이나 기대를 나타낸다.
打算 dǎsuàn	…할 계획이다(할 생각이다. 작정이다).
要 yào	…하려고 하다.

긍정문

주어	+	조동사	+	술어(동)	+	목적어
我		想		学		汉语。
나는 중국어를 배우고 싶어요.						

부정문

주어	+	不	+	조동사	+	술어	+	목적어
我		不		想		学		汉语。
나는 중국어를 배우고 싶지 않아요.								

의문문

주어	+	조동사	+	술어	+	목적어	+	吗?
你		想		学		汉语		吗?
너는 중국어를 배우고 싶니?								

정반의문문

주어	+	조동사 + 不 + 조동사	+	술어	+	목적어
你		想 不 想		学		汉语?
너는 중국어를 배우고 싶나?						

※ 想, 打算, 要의 부정형은 모두 '不想'으로 표현할 수 있다. '不要'는 '~하지 말라/마라.'의 뜻으로 금지, 명령의 어기를 나타낸다.

[조동사 助动词] (2)

…할 수 있다.

能 néng	주변조건 혹은 능력이 가능할 때
会 huì	배워서 할 수 있을 때
可以 kěyǐ	허락을 받아서 할 수 있을 때

긍정문

주어	+	조동사	+	술어(동)	+	목적어
我		会		说		汉语
나는 중국어를 할 수 있어요.						
他		能		喝		五杯 咖啡。
그는 커피 5잔을 마실 수 있어요.						

핵심 문법 重点语法

부정문

주어	+	不	+	조동사	+	술어(동)	+	목적어
我		不		会		说		汉语。
나는 중국어를 못해요.								
他		不		能		喝		五杯 咖啡。
그는 커피 5잔을 못 마셔요.								

의문문

주어	+	조동사	+	술어(동)	+	목적어	+	吗?
你		会		说		汉语		吗?
당신은 중국어를 할 수 있어요?								
他		能		喝		五杯 咖啡		吗?
그는 커피 5잔을 마실 수 있어요?								

정반의문문

주어	+	조동사 + 不 + 조동사	+	술어	+	목적어
你		会 不 会		说		汉语?
당신은 중국어를 말할 수 있어요? 없어요?						
他		能 不 能		喝		五杯 咖啡?
그는 커피 5잔을 마실 수 있나요? 없나요?						

[동태조사 过]

"过"는 동사 뒤에 놓여 이미 발생한 과거의 경험을 나타낸다.

긍정문

주어	+	술어(동)	+	过	+	목적어
我		学		过		汉语。
나는 중국어를 배운 적이 있다.						

부정문

주어	+	没	+	술어(동)	+	过	+	목적어
我		没		学		过		汉语。
나는 중국어를 배운 적이 없다.								

의문문

주어	+	술어(동)	+	过	+	목적어 吗?
你		学		过		汉语 吗?
당신은 중국어를 배운 적이 있나요?						

정반의문문

주어	+	술어	+	没	+	술어	+	过	+	목적어?
你		学没		没		学		过		汉语?
당신은 중국어를 배운 적이 있나요? 없나요?										

핵심 문법 重点语法

[접속사 因为… 所以]

因为… 所以: 원인과 결과를 나타내는 접속사로 사용되며, '~때문에/하여, (그래서)~하다. 왜냐하면 ~때문이다' 의 의미로 사용된다.

원 인		결 과	
因为	肚子疼	所以	不去学校。
왜냐하면 ~때문에	배가 아프다.	(그래서)	학교에 가지 않았다.
배가 아파서 학교에 가지 않았다.			

원 인		결 과	
因为	天气很冷	所以	感冒了。
왜냐하면 ~때문에	날씨가 춥다	(그래서)	감기에 걸렸다.
날씨가 추워서 감기에 걸렸다.			

확인문제 重点练习

1. 마시고 싶다.

2. 공부할 계획이다.

3. 언니와 잡담을 나누다.

4. 알고 싶지 않다.

5. 축구를 못 해.

6. 쓸 줄 모른다.

7. 전화해도 된다.

8. 가려고 해요.

9. 먹으면 안돼요.

10. 들어 본 적 없다.

문장을 만들어 보세요 造句

1. 나는 주말에 중국 친구들이랑 운동하고 싶어요.

2. 어제 너무 바빴기 때문에 오늘은 출근하고 싶지 않아요.

3. 나는 중국음식을 먹어본 적이 없어요. 맛있어요?

4. 남동생은 작년에 일을 안 하고, 여행 갔어요.

5. 나는 친구랑 함께 중국어를 공부할 계획이야.

6. 나는 수영을 할 줄 모른다.

7. 나도 학교커피숍에 가서 음악(을) 들으면서 커피를 마시고 싶어요.

8. 외국 여행 갈 때는 여권이랑 비자가 필요해요.

회화연습(1) 情景会话

Hánjià de shíhou nǐ yào zuò shénme?
老师 寒假的时候你要做什么？

Wǒ xiǎng qù Zhōngguó lǚxíng. Nín qùguo zhōngguó ma?
学生 我想去中国旅行。您去过中国吗？

Wǒ méi qùguo Zhōngguó, Wǒ qù guo Fǎguó. Nǐ hé shuí yìyǐ qù?
老师 我没去过中国，我去过法国。你和谁一起去？

Wǒ dǎsuàn hé péngyou yìqǐ qù.
学生 我打算和朋友一起去。

Nǐmen shénme shíhòu chūfā?
老师 你们什么时候出发？

Wǒmen xià ge xingqīsān chūfa.
学生 我们下个星期三出发。

Nǐmen zuò shénme qù?
老师 你们坐什么去？

Wǒmen zuò fēijī qù.
学生 我们坐飞机去。

Zhù nǐmen lǚxíng yúkuài.
老师 祝你们旅行愉快。

Xièxiè.
学生 谢谢。

회화연습(2) 情景会话

Qù Fǎguó lǚxíng yǒuyìsi ma?

老师 去法国旅行有意思吗?

Wǒ juéde tèbié yǒu yìsi.

学生 我觉得特别有意思。

Nǐmen mǎi shénme le?

老师 你们买什么了?

Wǒmen měi rén mǎi le yíbù xiǎomǐ shǒujī.

学生 我们每人买了一部小米手机。

Weìshénme zài Fǎguó mǎi xiǎomǐ shǒujī?

老师 为什么在法国买小米手机?

Yīnwèi jiàgé hěn piányi, zhìliàng yě hěnhǎo.

学生 因为价格很便宜，质量也很好。

Nǐ qù guò fǎ guó, huì shuō fǎyǔ ba?

老师 你去过法国，会说法语吧?

Wǒ bú huì, Wǒ péngyǒu huì shuō xībānyáyǔ.

学生 我不会，我朋友会说西班牙语。

Fǎguórén huì shuō xībānyáyǔ ma?

老师 法国人会说西班牙语吗?

Shì de, Tāmen yòu huì shuō fǎyǔ yòu huì shuō xībānyáyǔ.

学生 是的，他们又会说法语又会说西班牙语。

ā, yuánlái zhèyàng ā.

老师 啊，原来这样啊。

쉬어가기 了解了解

● 이성에게 감정을 표현할 때는 중국어로 이렇게 말해요.

yí jiàn zhōng qíng 一见钟情	첫눈에 반했어요.
wán àimèi 玩暧昧	썸 타다.
biǎobái 表白	고백하다.
jiāowǎng 交往	사귀다, 교제하다.
fēnshǒu 分手	헤어지다, 이별하다.

연습문제 练习题

● 듣기연습 听力练习

1. 我不想和他踢足球。

A.

B.

C.

D.

2. 哥哥没上班, 去旅行了。

A.

B.

C.

D.

3. 我没坐过飞机。

A.

B.

C.

D.

4. 弟弟不会写汉字。

A.

B.

C.

D.

● 틀린 문장을 바르게 고쳐보세요. 修改病句。

1. 上午我没聊天姐姐。

2. 他和妹妹做自行车去公园了。

3. 我不坐过船和飞机。

4. 他名字叫什么?

도전하기 挑战自己

运动		yùndòng	운동	兴趣爱好	xìngqù'àihào	취미활동
dǎ 打	篮球	lánqiú	농구	踢足球	tī zúqiú	축구
	羽毛球	yǔmáoqiú	배드민턴	滑雪	huá xuě	스키하다
	乒乓球	pīngpāngqiú	탁구	滑冰	huábīng	스케이트를 타다
	台球	táiqiú	당구	摔跤	shuāi jiāo	씨름[레슬링]하다
	排球	páiqiú	배구	跆拳道	táiquándào	태권도
	棒球	bàngqiú	야구	击剑	jī jiàn	펜싱
	高尔夫球	gāo'ěrfūqiú	골프	游泳	yóu yǒng	수영하다
	网球	wǎngqiú	테니스	柔道	róudào	유도
	保龄球	bǎolíngqiú	볼링	体操	tǐcāo	체조
tán 弹	钢琴	tán gāngqín	피아노를 치다	武术	wǔshù	무술
	电子琴	diànzǐqín	전자 오르간	瑜伽	yújiā	요가
	古筝	gǔzhēng	쟁	唱歌	chànggē	노래를 부르다
	竖琴	shùqín	하프	跳舞	tiàowǔ	춤을 추다
弹/拉	手风琴	shǒufēngqín	손풍금, 아코디언	跑步	pǎobù	달리기
lā 拉	小提琴	lā xiǎotíqín	바이올린	马拉松	mǎlāsōng	마라톤
	大提琴	dàtíqín	첼로	健身	jiànshēn	헬스
	二胡	èrhú	이호	跳绳	tiàoshéng	줄넘기하다

xià 下	围棋	wéiqí	바둑	举重	jǔzhòng	역도
	象棋	xiàngqí	장기	拔河	báhé	줄다리기
	跳棋	tiàoqí	다이아몬드 게임	玩游戏	wán yóuxì	게임하다
	五子棋	wǔzǐqí	오목	猜谜语	cāimíyǔ	수수께끼를 풀다

위 표의 어휘를 사용하여 다양하게 표현해 보고, 뜻을 말해보세요.

1. 我喜欢(수영)。

2. 我不会(연주하다)(전자오르간)。

3. 我们经常(차다)(축구)。

4. 我每天都去(달리기)。

중국 8대 음식

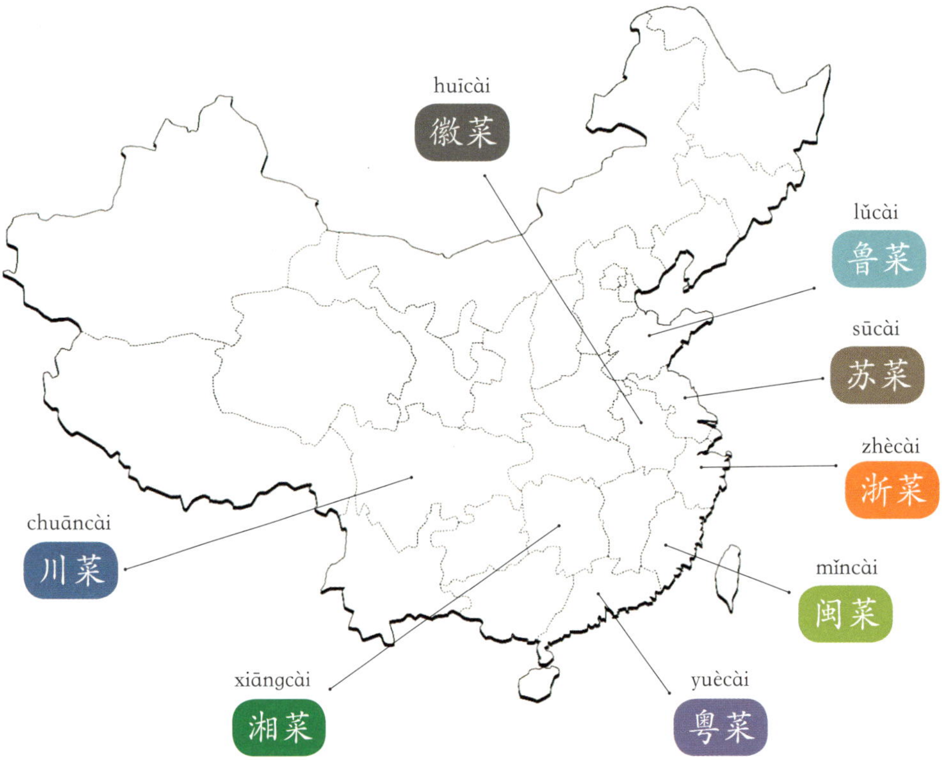

鲁菜 : 산둥(山东) 요리

苏菜 : 장쑤(江苏) 요리

浙菜 : 저장(浙江) 요리

徽菜 : 안휘(安徽) 요리

闽菜 : 푸젠(福建) 요리

粤菜 : 광둥(广东) 요리

湘菜 : 후난(湖南) 요리

川菜 : 쓰촨(四川) 요리

제 8 과

火车旅行。

기차여행.

나의 단어장 我的生词表

开车 kāichē [동] 운전하다

骑(騎) qí [동] 타다

自行车 zìxíngchē [명] 자전거

跳舞 tiàowǔ [동] 춤추다

准备 zhǔnbèi [동] 준비하다

商量 shāngliang [동] 상의하다

约 yuē [명.동] 약속, 약속하다

帮助 bāngzhù [동] 돕다

帮忙 bāngmáng

多少 duōshǎo [의] 얼마나

幸亏 xìngkuī [부] 다행히

主意 zhǔyi [명] 생각. 아이디어

完 wán [형] 완벽하다. [동] 끝나다

拍照 pāizhào [동] 사진을 찍다

照相 zhàoxiàng [동] 照片 zhàopiàn [명]

以后 yǐhòu [명] 이후

以前 yǐqián [명] 이전

告诉 gàosu [동] 알리다

才 cái [부] …에야

参加 cānjiā [동] 참가하다

见面 jiànmiàn [동] 만나다

一共 yígòng [부] 합계. 전부

毕业(畢業) bìyè [동] 졸업하다

终于 zhōngyú [부] 마침내

刷卡 shuākǎ [동] 카드로 계산하다

现金 xiànjīn [명] 현금

钱(錢) qián [명] 돈. 화폐

留学 liúxué [동] 유학하다

联系 liánxì [동] 연락하다

错(錯) cuò [형] 맞지 않다. 틀리다

票 piào [명] 표, 티켓

车票 chēpiào [명] 승차권 机票 jīpiào [명] 항공권

团购 tuángòu [동] 공동 구매

网购 wǎnggòu [동] 인터넷 쇼핑

如果…就… [rúguǒ… jiù…] [접] 만일(만약) ~하면, ~하다.

한자쓰기 写汉字

骑				毕			
商				样			
约				拍			
准				照			
澡				帮			
刷				留			
幸				联			
就				系			

한자 이야기 汉字的发展

kǎo lǎo 考 / 老 장수할 고 / 늙을 로		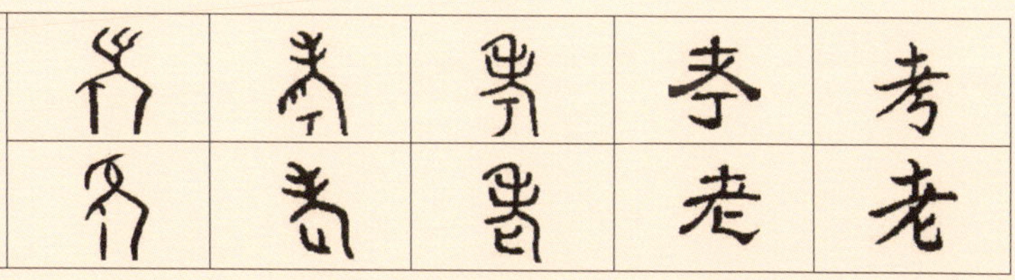

전주转注

‘전주자’는 서로 동일한 구성성분을 부수(部首)로 내세우고, 같은 의미를 함께 사용하는 것을 가리킵니다. 考와 老는 서로 “耂”를 부수로 내세우고 “노인”의 의미를 함께 사용합니다.

핵심 문법 重点语法

[이합사 离合词]

'동사 + 목적어'의 '이합'구조로 이루어진 이음절 동사를 가리킨다. (동사+목적어)로 이루어진 단어이기 때문에 이미 목적어가 포함되어 있다. 그러므로 이합사 뒤에 또 다른 목적어가 놓일 수 없다.

跳舞 [tiào∥wǔ] 춤추다 : 2음절 전체가 동사가 아니라 '跳+舞 〈동사+목적어〉'의 앞 음절만 동사이다.

주어	부사어	술어		목적어 (X)
		동사	목적어	
我		跳舞		她 (X)
我	跟(和)她	跳舞		
나는 그녀와 춤을 춘다.				

※ 동사 '跳'의 뒤에 '舞'와 '她' 두 개의 목적어가 동시에 출현할 수는 없다. 이 경우 전치사(跟/和)를 사용하여 목적어 하나를 앞으로 옮겨주어야 한다. → 我(跟/和)她跳舞。

부사어	술어	목적어
和朋友	见	面
친구와	보다	얼굴을
친구를 만나다.		

주어	술어	목적어
我	请	客
제	대접하다	손님을
내가 한 턱을 내다.		

자주 사용하는 이합동사							
见面	jiàn miàn	만나다	和~~见个面	帮忙	bāng máng	돕다	帮我个忙
洗澡	xǐ zǎo	샤워하다. 목욕하다	洗个澡	打架	dǎ jià	싸우다	和~~打架
抽烟	chōu yān	담배를 피우다	抽支烟	生气	shēng qì	화내다	生他的气
跳舞	tiào wǔ	춤추다	和~~跳支舞	撒谎	sā huǎng	거짓말하다	撒了个谎
唱歌	chàng gē	노래 부르다	唱首歌	毕业	bì yè	졸업하다	毕业了
握手	wò shǒu	악수하다	和~握握手	请客	qǐng kè	한 턱 내다	他请客
结婚	jié hūn	결혼하다	和~结婚	加油	jiā yóu	힘을 내다	给他加油吧

[보어 补语]

보어는 술어 뒤에 놓여, 주어가 술어의 영향을 받아 어떤 상황에 놓여있는지 보충 설명한다. 보어는 모두 술어 뒤에 놓인다. 보충설명의 내용에 따라 주로 정도보어, 결과보어, 수량보어, 방향보어, 가능보어, 전차사구 보어로 나뉜다.

· 정도보어

정도보어는 술어의 '정도'를 보충 설명하는 성분으로, 동작과 상태의 정도를 나타낸다. 주로 조사 '得'를 가지는 구조로, '술어＋得＋정도보어'의 형식으로 사용된다.

긍정형

주어	+	술어	+	목적어	+	술어	+	得	+	부사어	+	형용사
他		跑		步		跑		得		〈很		快〉。
그는 빨리 달린다.						달리는 (정도가) 매우 빠르다.						
그는 빨리 달린다.												

핵심 문법 重点语法

부정형

주어	+	술어	+	목적어	+	술어	+	得	+	不	+	형용사
他		跑		步		跑		得		不		快。
그는 빨리 달리지 못한다.												

의문형

주어	+	술어	+	목적어	+	술어	+	得	+	형용사	+	吗?
他		跑		步		跑		得		快		吗?
그는 빨리 달립니까?												

정반의문문

주어	+	술어	+	목적어	+	술어	+	得	+	형용사	+	不	+	형용사
他		跑		步		跑		得		快		不		快。
그는 빨리 달리나요? 빨리 달리지 않나요?														

의문사 활용

주어	+	술어	+	목적어	+	술어	+	得	+	怎么样?
他		跑		步		跑		得		怎么样?
그는 달리기가 어떤가요?										

· 결과 보어의 기본 문형

결과 보어는 술어로 인해 발생된 결과를 보충 설명하는 성분으로 동작의 결과를 나타낸다. 결과 보어가 사용된 문장은 항상 '了'를 동반한다.

긍정형

주어	+	술어	+	목적어	+	술어	+	결과 보어	+	了。
他们		说		话		说		错		了。
그들은 말을 한다.					말을 잘 못했다.					

주어	+	술어	+	결과 보어(동/형)	+	목적어	+	了。
他们		说		错了		话。		了。
그들은 말을 잘 못 했다.								

주어	+	술어	+	결과 보어	+	목적어	+	了。
我		看		完		这本书。		了。
나는 이 책을 다 봤어요.								

부정형

주어	+	没(有)	+	술어	+	결과 보어	+	목적어
他们		没		说		错		话。
그들은 잘못 말하지 않았어요. (그들이 한 말이 맞아요)								

주어	+	没(有)	+	술어	+	결과 보어	+	목적어
我		没(有)		看		完		这本书。
나는 이 책을 다 보지 못했어요.(다 못 봤어요.)								

의문형

주어	+	술어	+	결과보어	+	목적어	+	了吗/了没有?
他们		说		错		话		了吗?
그들이 잘못 말 했나요?								

주어	+	술어	+	결과보어	+	목적어	+	了吗/了没有?
你		看		完		这本书		了吗?
당신은 이 책을 다 봤어요?								

주어	+	술어	+	결과보어	+	목적어	+	了吗/了没有?
你		看		完		这本书		了没有?
당신은 이 책을 다 봤어요 못 봤어요?								

* 보어가 사용된 동사술어문은 다양하게 표현할 수 있다. 화자가 강조하고자 하는 화제에 따라 강조 위치가 달라질 수 있다.

당신은 이 책을 다 봤어요?				
这本书	你	看完	了	吗?
你	这本书	看完	了	吗?
你	看完	这本书	了	吗?
你	看完	了	这本书	吗?

확인문제 重点练习

1. 운전하고 가다.

2. 버스타고 왔다.

3. 잘 먹었다.

4. 다 먹을 수 있어요?

5. 약속이 있다.

6. 친구와 만나다.

7. 나를 도와주다.

8. 내가 너를 도와주다.

문장을 만들어 보세요 造句

1. 어제 공원에서 찍은 사진이 너무 예뻐요.

2. 오후 두시 반에 학교에서 만나기로 약속했다.

3. 당신과 함께 춤 출 수 있을까요?

4. 당신의 남동생은 졸업 후에 어디에서 일하고 싶어 하나요?

5. 여름방학 숙제는 다 했어요?

6. 당신은 외국인 친구와 대화할 수 있나요?

7. 만약 현금이 없으면, 카드로 계산하세요.

8. 다행히 당신이 알려줘서 틀리게 말하지 않았어요.

회화연습(1) 情景会话

nǐ juéde xuéxí hànyǔ yǒu yìsi ma?
志远 柔美，你觉得学习汉语有意思吗？

Wǒ juéde hěn yǒu yìsi. yīnwèi hànyǔ bǐ yīngyǔ gèng róngyì.
柔美 我觉得很有意思。因为汉语比英语更容易。

Nǐ dǎsuàn bìyè hòu qù Zhōngguó liúxué ma?
志远 你打算毕业后去中国留学吗？

Bù, wǒ xiǎng hé péngyǒu zuò huǒchē qù lǚxíng.
柔美 不，我想和朋友坐火车去旅行。

Wǒ juéde lǚxíng hé liúxué yíyàng, kěyǐ xué hěn duō dōngxi.
我觉得旅行和留学一样，可以学很多东西。

Shì ge hǎo zhǔhi. wǒ yě hěn xǐhuān lǚxíng, kěyǐ yìqǐ qù ma?
志远 是个好主意。我也很喜欢旅行，可以一起去吗？

Dāngrán kěyǐ! nǐ zhīdào zài nǎlǐ mǎi piào ma?
柔美 当然可以！你知道在哪里买票吗？

Zhīdào. wǒ bāng dàjiā mǎi piào, wǒmen yìqǐ zhǔnbèi ba!
志远 知道。我帮大家买票，我们一起准备吧！

Tài hǎo le.
柔美 太好了。

회화연습(2) 情景会话

Nǐ mǎi dào piào le ma?

柔美 你买到票了吗?

Fàng xīn ba! Yǐ jīng mǎi hǎo le, Zài zhèr ne!

志远 放心吧! 已经买好了, 在这儿呢!

Zài wǎng shang mǎi de ma? Duōshǎo qián?

柔美 在网上买的吗? 多少钱?

Shì de, Wǎng shang tuángòu bǐ lǚxíngshè piányi.

志远 是的, 网上团购比旅行社便宜。

Sān gè rén yígòng cái liǎngqiān bābǎi liù.

三个人一共才2860。

Wā~ Piányi le wǔbǎi duō ne! xìngkuī nǐ bāng le wǒmen!

柔美 哇~ 便宜了五百多呢! 幸亏你帮了我们!

Nǎli nǎli! Yīng gāi de!

志远 哪里哪里! 应该的!

Wǒmen jiànmiàn shāngliang shāngliang xíngchéng zěnmeyàng?

我们见面商量商量行程怎么样?

Hǎode, Wǒ yuē hǎo péngyǒu hòu, liánxi nǐ.

柔美 好的, 我约好朋友后, 联系你。

Hǎo, děng nǐ xiāoxi.

志远 好, 等你消息。

网购流程

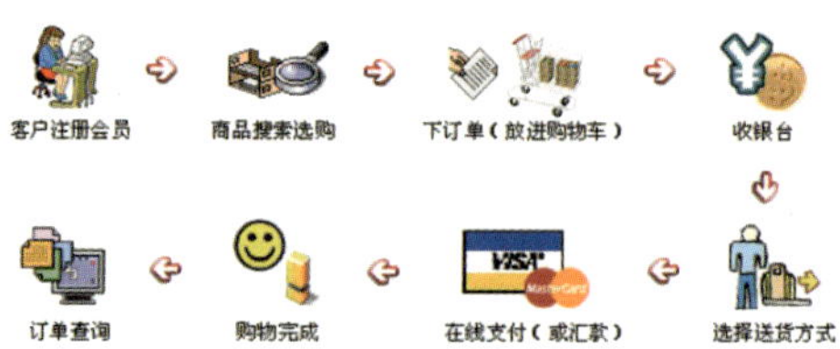

쉬어가기 了解了解

mǐn nóng
悯农
농부를 가엾게 여기다

lǐ shēn
李绅 이신

chú hé rì dāng wǔ,
锄禾日当午,
한 낮 뙤약볕에 김을 매니,

hàn dī hé xià tǔ.
汗滴禾下土.
땀방울이 벼 아래로 뚝뚝 떨어지네.

shéi zhī pán zhōng cān,
谁知盘中餐,
누가 알아주랴! 그릇에 담긴 밥이

lì lì jiē xīn kǔ.
粒粒皆辛苦.
한 알 한 알 모두 고된 노동의 결실인 것을.

연습문제 练习题

● 듣기연습 听力练习

1. 我和妹妹都没骑过自行车。

A.

B.

C.

D.

2. 因为哥哥的肚子疼得很，所以去医院了。

A.

B.

C.

D.

3. 飞机比火车快得多。

A.

B.
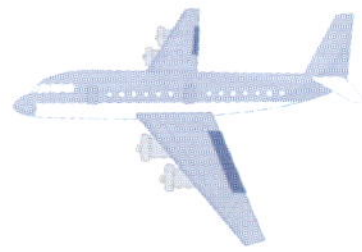

C.
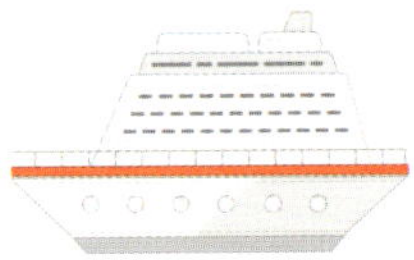

D.

4. 弟弟的作业已经写完了。

A.

B.
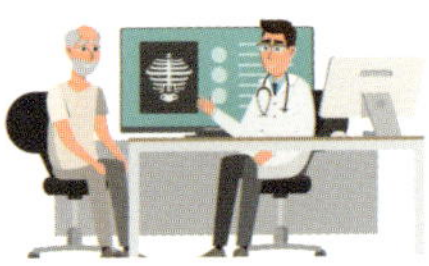

C.

D.

● 틀린 문장을 바르게 고쳐보세요.
修改病句。

1. 昨天不开车回家了

2. 她不跑得快!

3. 我明天要去公园见面朋友。

4. 一个小时你能看到这本书吗?

도전하기 挑战自己

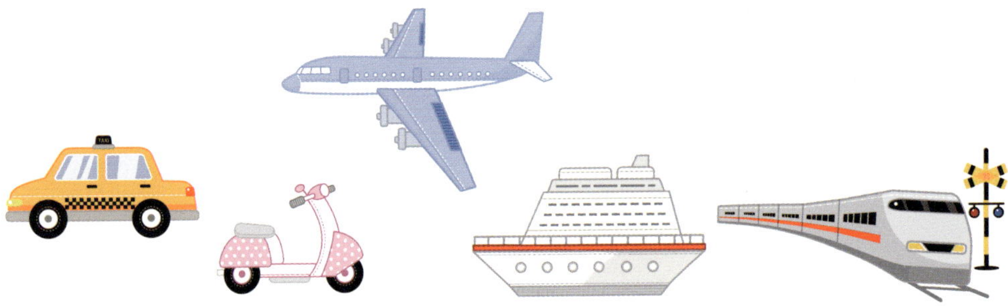

坐	zuò	(탈 것에) 타다	开	kāi	차를 몰다. 운전하다
公交车	gōngjiāochē	버스	帆船	fānchuán	돛단배
汽车	qìchē	자동차	气垫船	qìdiànchuán	호버크라프트
火车	huǒchē	기차. 열차	救生艇	jiùshēngtǐng	구명보트
高铁	gāotiě	고속열차	出租车	chūzūchē	택시
磁悬浮列车	cíxuánfú lièchē	자기 부상 열차	大巴车	dàbā	대형 버스
飞机	fēijī	비행기	铲车	chǎnchē	로더
地铁	dìtiě	지하철	卡车	kǎchē	트럭
救护车	jiùhùchē	구급차	火箭	huǒjiàn	로켓
消防车	xiāofángchē	소방차	热气球	rèqìqiú	열기구
船	chuán	배	缆车	lǎnchē	케이블카
骑	qí	(걸터) 타다	停车场	tíngchēchǎng	주차장
自行车	zìxíngchē	자전거	公交车站	gōngjiāochēzhàn	버스정거장
电动车	diàndòngchē	전동차	长途车站	chángtú chēzhàn	고속버스터미널
马	mǎ	말	火车站	huǒchēzhàn	기차역
摩托车	mótuōchē	오토바이	地铁站	dìtiězhàn	지하철역
滑板车	huábǎnchē	킥보드	机场	jīchǎng	공항

자주 사용하는 보어의 형식		
정도보어	冷得很	엄청 추워요.
	跑得快	엄청 빨라요.
결과보어	吃饱了	배부르게 먹었어요.
	说错了	잘못 말했어요.
가능보어	听不懂	못 알아들었어요.
	吃不了	못 먹겠어요.
방향보어	想起来	생각났어요.
	坚持下去	버텨내야 해요.
시량보어	等了半天	한참을 기다렸어요.
	大三岁	세 살 많아요.
전치사구보어	来自韩国	한국에서 왔어요.
	毕业于~~大学	대학을 졸업했어요.

위 표의 어휘를 사용하여 다양하게 표현해 보고 뜻을 말해보세요.

1. 我和姐姐都会(자전거를 타다)。

2. 我还没(타다)过(중국의 고속열차)。

3. 听说爸爸也不会(화물차를 운전하다)。

4. 我很想和你一起(타다)一次(돛단배)。

5. 我觉得弟弟很想(로켓을 운전하다)。

生词表

爸爸 bàba [명] 아빠. 아버지

吧 ba [조] 동의 · 허가의 어기

笔 bǐ [명] 펜. 필기도구

比 bǐ [개] ~보다. ~와 비교하면

毕业 bìyè [동] 졸업하다

变 biàn [동] 변하다

不过 búguò [접] 그런데, 그러나

不太 bútài [부] 그다지…지 않다

不 bù [부] '부정'을 나타냄

不如 bùrú [동] …만 못하다

帮忙 bāngmáng [동] 돕다

帮助 bāngzhù [동] 돕다

菜 cài [명] 채소. 요리

餐厅 cāntīng [명] 식당

错 cuò [형] 맞지 않다. 틀리다

参加 cānjiā [동] 참가하다

从…到… cóng…dào… [개] (시간, 공간) …부터 …까지…

吃 chī [동] 먹다

常常 chángcháng [부] 늘. 항상

车票 chēpiào [명] 승차권

出差 chūchāi [동] 출장가다

春天 chūntiān [명] 봄

打电话 dǎdiànhuà [동] 전화를 걸다

大 dà [형] 크다. 넓다

的 de [조] ~의

弟弟 dìdi [명] 남동생

地方 dìfāng [명] 장소. 곳

读 dú [동] 소리 내어 읽다

肚子 dùzi [명] (복부)배

单位 dānwèi [명] 회사. 직장

淡 dàn [형] 싱겁다

当然 dāngrán [부] 당연히. 물론

点 diǎn [명] ~시

电影 diànyǐng [명] 영화

对 duì [형] 옳다

多少 duōshǎo [의] 얼마나

都 dōu [부] 모두. 다

冬天 dōngtiān [명] 겨울

东西 dōngxi [명] 물건

嗯 èn 응. 그래

附属 fùshǔ [명/동] 부속(하다)

附近 fùjìn [명] 부근, 근처

饭 fàn [명] 밥

饭店 fàndiàn [명]식당

非常 fēicháng [부] 대단히

哥哥 gēge [명] 형. 오빠

个 gè [양] 개

高兴 gāoxìng [형] 기쁘다

告诉 gàosu [동] 알리다

更 gèng [부] 더욱. 더. 훨씬

国家 guójiā [명] 국가

刚才 gāngcái [명] 방금. 막

刚刚 gānggāng [부] 방금. 지금 막

公司 gōngsī [명] 회사

公园 gōngyuán [명] 공원

工作 gōngzuò [명] 직업, 일

贵 guì [형] 비싸다

喝 hē [동] 마시다

和 hé [개/전] …와, …과

和…一样 hé…yíyàng ~와 같다

护士 hùshi [명] 간호사

还 hái [부] 아직도, 여전히

还可以 háikěyǐ [관] 괜찮다

好 hǎo [형] 좋다

好喝 hǎohē [형] 맛있다

好吃 hǎochī [형] 맛있다

韩国 Hánguó [명] 한국, 대한민국

韩国人 hánguórén [명] 한국인

韩语 Hányǔ [명] 한국어

汉语 Hànyǔ [명] 중국어

很 hěn [부] 아주, 매우

护照 hùzhào [명] 여권

回 huí [동] 되돌리다

机场 jīchǎng [명] 공항

机票 jīpiào [명] 항공권

几 jǐ [수] 몇

家 jiā [명] 집

姐姐 jiějie [명] 누나, 언니

今天 jīntiān [명] 오늘

经常 jīngcháng [부] 늘, 항상

教室 jiàoshì [명] 교실

见面 jiànmiàn [동] 만나다

觉得 juéde [동] …라고 여기다

咖啡厅 kāfēitīng [명] 커피숍, 카페

开车 kāichē [동] 운전하다

考试 kǎoshì [명] 시험

咖啡 kāfēi [명] 커피

可乐 kělè [명] 콜라

可是 kěshì [접] 그러나

可爱 kě'ài [형] 귀엽다

课 kè [명] 수업

开学 kāixué [동] 개학하다

看 kàn [동] 보다

了 le [조] 어기조사

梨 lí [명] (과일)배

离 lí [동] 떠나가다, …에서…까지

路 lù [명] 길

累 lèi [형] 힘들다

老师 lǎoshī [명] 선생님

冷 lěng [형] 춥다

两 liǎng [수] 둘, 두

留学 liúxué [동] 유학하다

联系 liánxì [동] 연락하다

吗 ma [조] 의문어기조사

妈妈 māma [명] 엄마, 어머니

买 mǎi [동] 사다

卖 mài [동] 팔다

没 méi [부] 부정을 나타냄

没有 méiyǒu [동] 없다

每 měi [명] 매, …마다

没有意思 méiyǒuyìsi 재미없다

忙 máng [형] 바쁘다

明天 míngtiān [명] 내일

面包 miànbāo [명] 빵

哪 nǎ [대] 어느

哪里 nǎli [대] 어디, 어느 곳

哪儿nǎr [대] 어디, 어느 곳

你 nǐ [명] 너, 당신

你们 nǐmen [명] 너희들

呢 ne [조] 강조를 나타냄

难 nán [형] 어렵다

年轻 niánqīng [형] 젊다

偶尔 ǒu'ěr [부] 간혹. 때때로

啤酒 píjiǔ [명] 맥주

票 piào [명] 표, 티켓

葡萄 pútáo [명] 포도

胖 pàng [형] 뚱뚱하다

朋友 péngyou [명] 친구

拍照 pāizhào [동] 사진을 찍다

漂亮 piàoliang [형] 예쁘다

便宜 piányi [형] 싸다

骑 qí [동] 타다

寝室 qǐnshì [명] 기숙사

签证 qiānzhèng [명] 비자

请 qǐng [동] 청하다

钱 qián [명] 돈. 화폐

秋天 qiūtiān [명] 가을

去 qù [동] 가다

去年 qùnián [명] 작년

如果…就… rúguǒ… jiù… [접] 만일, 만약 ~하면, ~하다.

容易 róngyì [형] 쉽다

散步 sànbù [동] 산책하다

岁 suì [명] 살. 세

宿舍 sùshè [명] 기숙사

时候 shíhou [명] ~할 때

食堂 shítáng [명] 구내식당

是 shì [동] ~는/은~이다

书 shū [명] 책

谁 shéi, shuí [대] 누가. 누구

商量 shāngliang [동] 상의하다

什么 shénme [대] 무엇

刷卡 shuākǎ [동] 카드로 계산하다

水果 shuǐguǒ [명] 과일

睡觉 shuìjiào [동] 자다

水 shuǐ [명] 물

说 shuō [동] 말하다

上课 shàngkè [동] 수업하다

上午 shàngwǔ [명] 오전

上班 shàngbān [동] 출근하다

他 tā [명] 그. 그 사람

她 tā [명] 그녀

他们 tāmen [명] 그들

疼 téng [형] 아프다

头发 tóufa [명] 머리카락

听 tīng [동] 듣다

听说 tīngshuō [동] 듣기에 ~라고 하다

天气 tiānqì [명] 날씨

跳舞 tiàowǔ [동] 춤추다

团购 tuángòu [동] 공동 구매

我 wǒ [인칭대명사] 나. 저

我们 wǒmen [인칭대명사] 우리(들)

外国人 wàiguórén [명] 외국인

味道 wèidao [명] 냄새. 맛

为什么 wèishénme [의] 왜. 어째서

完 wán [형] 완벽하다. [동] 끝나다

玩儿 wánr [동] 놀다

网购 wǎnggòu [동] 인터넷 쇼핑

喜欢 xǐhuan [동] 좋아하다

夏天 xiàtiān [명] 여름

下课 xiàkè [동] 수업 끝나다

下班 xiàbān [동] 퇴근하다

下午 xiàwǔ [명] 오후

下雨 xiàyǔ [동] 비가 내리다

下雪 xiàxuě [동] 눈이 내리다

幸福 xìngfú [형. 명] 행복하다

幸亏 xìngkuī [부] 다행히

星期天 xīngqītiān [명] 일요일

咸 xián [형] 짜다

现在 xiànzài [명] 지금. 현재

写 xiě [동] 쓰다

学校 xuéxiào [명] 학교

学生 xuésheng [명] 학생

学习 xuéxí [동] 공부하다

学 xué [동] 배우다

牙 yá [명] 이, 치아

也 yě [부] …도, 또한

医生 yīshēng [명] 의사

一共 yígòng [부] 합계. 전부

椅子 yǐzi [명] 의자

一边…一边… yìbiān…yìbiān… [접] ~하면서~하다

医院 yīyuàn [명] 병원

以后 yǐhòu [명] 이후

以前 yǐqián [명] 이전

一起 yìqǐ [부] 같이. 함께

音乐 yīnyuè [명] 음악

银行 yínháng [명] 은행

饮料 yǐnliào [명] 음료

越来越…yuèláiyuè…[부] 점점. 더욱더 ~할수록 ~하다

有 yǒu [동] 가지고 있다. 소유하다

有点儿 yǒudiǎnr [부] 조금. 약간

有意思 yǒuyìsi [형] 재미있다

又 yòu [부] 또. 다시

又…又… yòu… yòu… [접] ~동시에

用 yòng [동] 쓰다. 사용하다

远 yuǎn [형] 멀다

约 yuē [명. 동] 약속하다

在 zài [동] ~에 있다

怎么样 zěnmeyàng [대] 어떻다. 어때요?

最 zuì [부] 가장. 제일

最近 zuìjìn [명] 최근. 요즈음

昨天 zuótiān [명] 어제

做 zuò [동] 만들다. 하다

坐 zuò [동] 앉다. 타다

作 zuò [동] 하다

走 zǒu [동] 가다. 걷다

作业 zuòyè [명] 숙제. 과제

知道 zhīdào [동] 알다

主意 zhǔyi [명] 생각. 아이디어

照片 zhàopiàn [명] 사진

照相 zhàoxiàng [동] 사진을 찍다

真的 zhēnde [부] 정말

正确 zhèngquè [형] 옳다

正在 zhèngzài [부] …하고 있다. 마침~하고 있는 중이다.

桌子 zhuōzi [명] 테이블

准备 zhǔnbèi [동] -준비하다

终于 zhōngyú [부] 마침내

글이 써지고 입이 열리는

티키타카 초급 중국어

지은이 袁晓鹏, 박유빈
펴낸이 김동원
펴낸곳 소리내

초판 1쇄 인쇄 2020. 3. 9
초판 1쇄 발행 2020. 3. 13

소리내 전라북도 전주시 완산구 어진길 32 (풍남동2가)
전화 (063) 219-5322
FAX (063) 219-5323
출판등록 2012년 8월 20일 제465-2012-000021호

값 15,000원

ISBN 979-11-6372-076-8 13720

이 도서의 국립중앙도서관 출판예정도서목록(CIP)은 서지정보유통지원시스템 홈페이지(http://seoji.nl.go.kr)와 국가자료공동목록시스템(http://www.nl.go.kr/kolisnet)에서 이용하실 수 있습니다. (CIP제어번호 : CIP2020005498)

'소리내'는 전북대학교출판문화원의 임프린트입니다.

MP3파일은 전북대학교출판문화원 홈페이지(jbnupress.jbnu.ac.kr) 자유게시판에서 다운받으세요.(파일 비밀번호: 5321)